Kunsthalle Mannheim

The Kunsthalle Mannheim

Meinhard von Gerkan
Nikolaus Goetze

Kunsthalle Mannheim

The Kunsthalle Mannheim

gmp FOCUS

jovis

gmp · Architekten von Gerkan, Marg und Partner

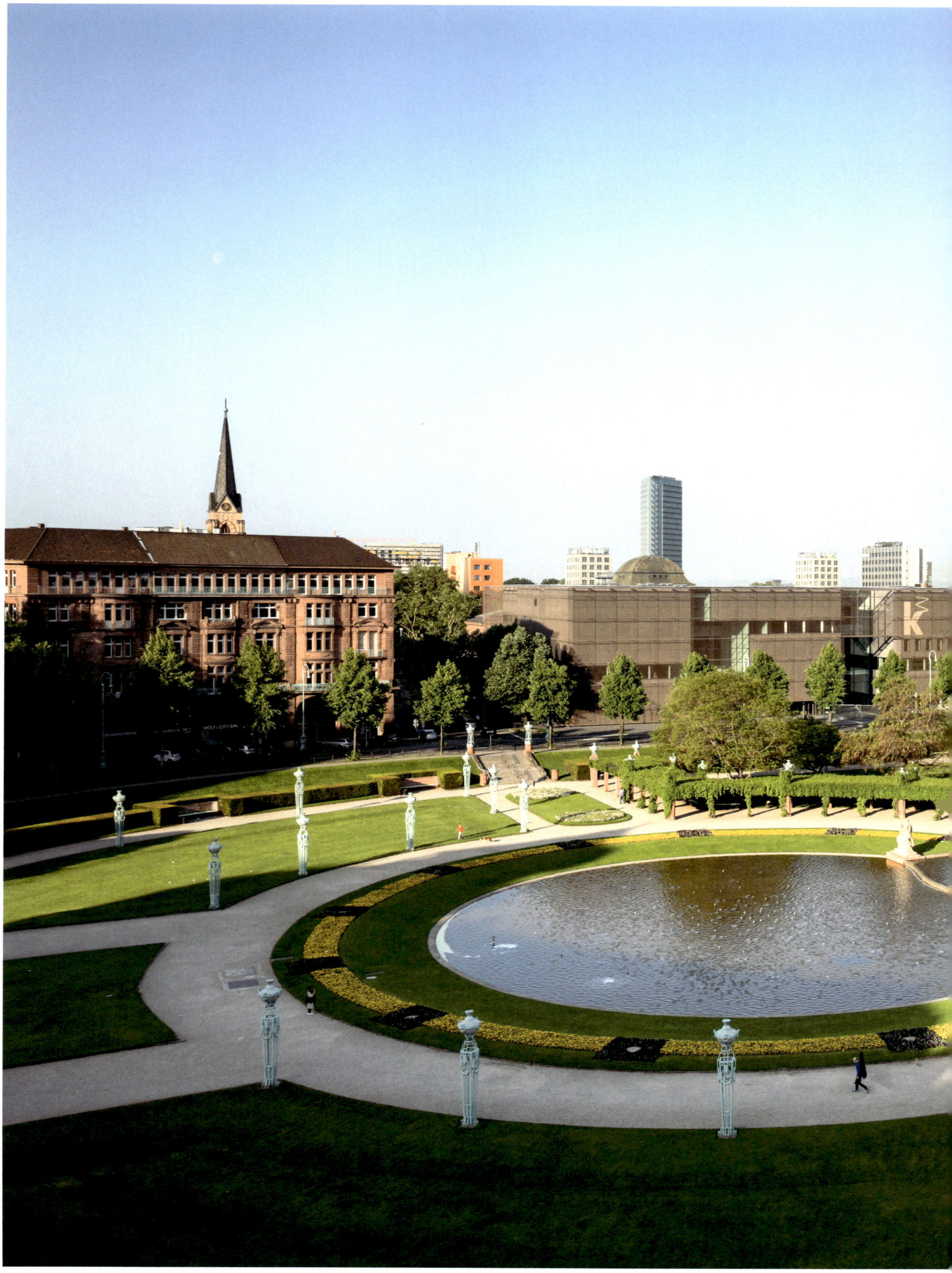

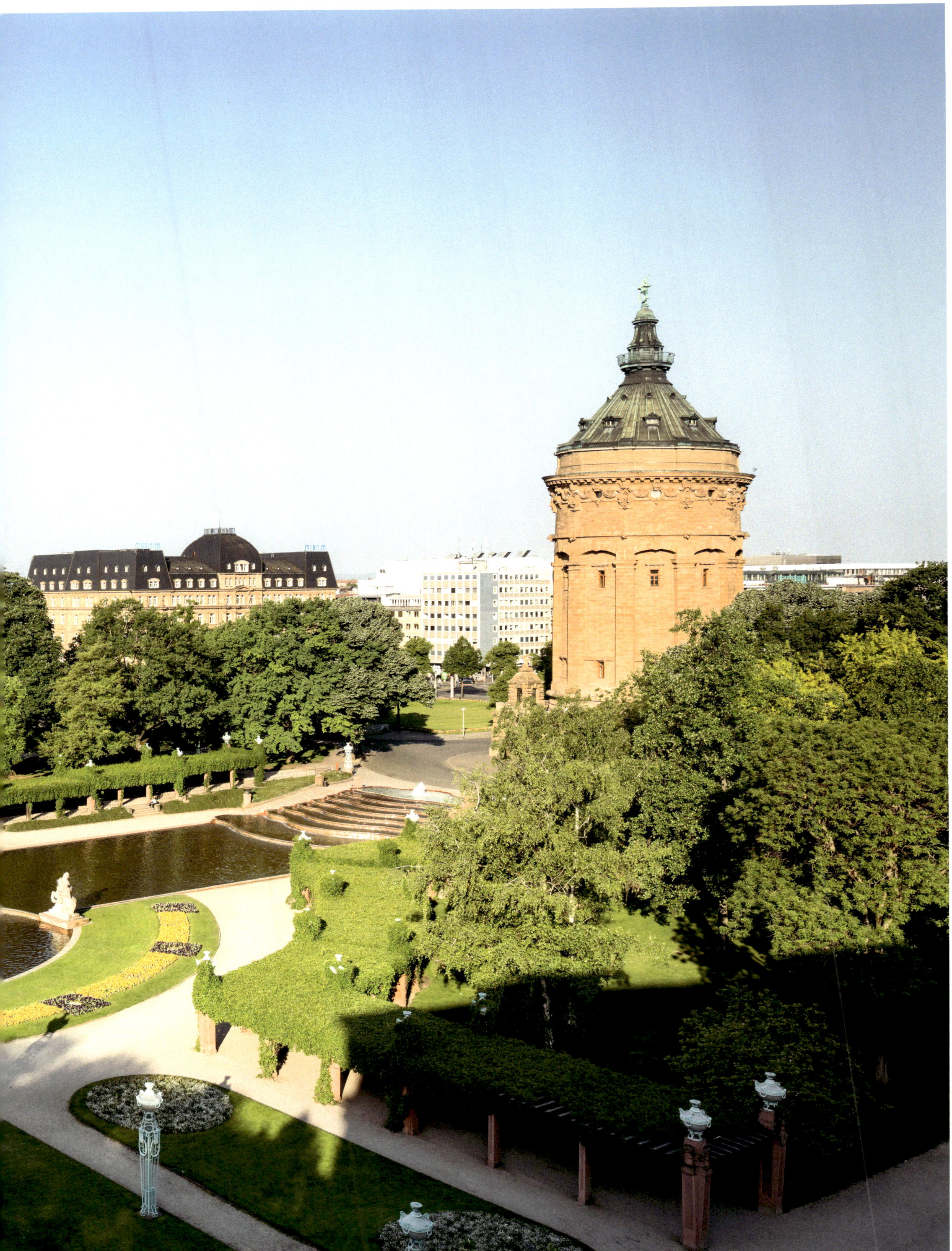

Verortung

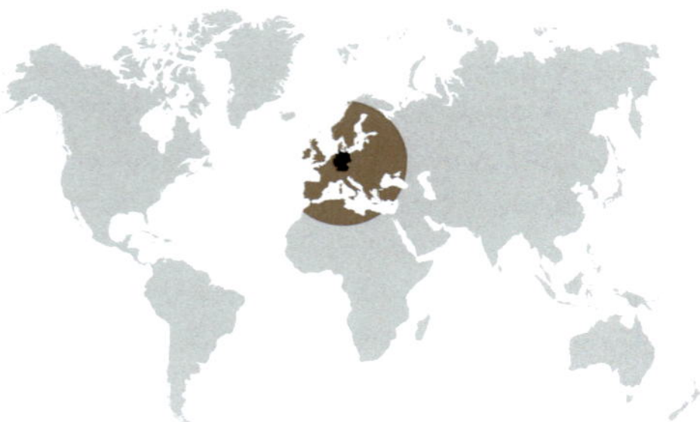

49° 29' N, 8° 28' O

Unmittelbar an der Mündung des Neckars in den Rhein liegt Mannheim, von seiner Nachbarstadt Ludwigshafen nur durch den Strom getrennt. Die charakteristische Struktur der „Quadratestadt" geht auf das frühe 17. Jahrhundert zurück, als Kurfürst Friedrich IV. von der Pfalz die Festung Friedrichsburg und das gitterförmige Straßennetz der angrenzenden Bürgerstadt Mannheim anlegen ließ: Bis heute besteht die hufeisenförmige Innenstadt aus 144 regelmäßig angeordneten „Quadraten" mit parallel verlaufenden, einander rechtwinklig kreuzenden Straßen. Als Residenzstadt der Kurpfalz begann für Mannheim 1720 eine kulturelle Blütezeit; der Hof von Kurfürst Karl III. Philipp förderte Kunst, Musik, Wissenschaft und Handel, viele berühmte Musiker und Literaten waren in der Stadt zu Gast. Aus dieser Zeit stammt das barocke Schloss im Südwesten der Planstadt am ehemaligen Standort der Zitadelle, das als städtebauliches Symbol der Macht den Kopf der Kurpfalzstraße bildet, einer der beiden Hauptachsen im Zentrum des Straßenrasters.

Location

Mannheim is located directly where the Neckar flows into the Rhine, and is separated from the neighboring city of Ludwigshafen only by the river. The characteristic structure of the "City of Squares" dates back to the early 17th century, when Elector Frederick IV of the Palatinate built the fortress of Friedrichsburg and the gridded network of streets of the adjacent free town of Mannheim. To this day, the horseshoe-shaped inner city consists of 144 regularly arranged "squares" with parallel streets that cross each other in a perpendicular pattern. As the royal seat of the Electoral Palatinate, Mannheim entered a period of cultural prosperity in 1720; the court of Elector Charles III Philip sponsored art, music, science, and commerce, and many famous musicians and writers were guests in the city. Dating from this period is the Baroque palace in the southwest of the planned city, on the former site of the citadel. It is an urban symbol of power that marks the head of Kurpfalzstrasse, one of the two main axes in the center of the street grid.

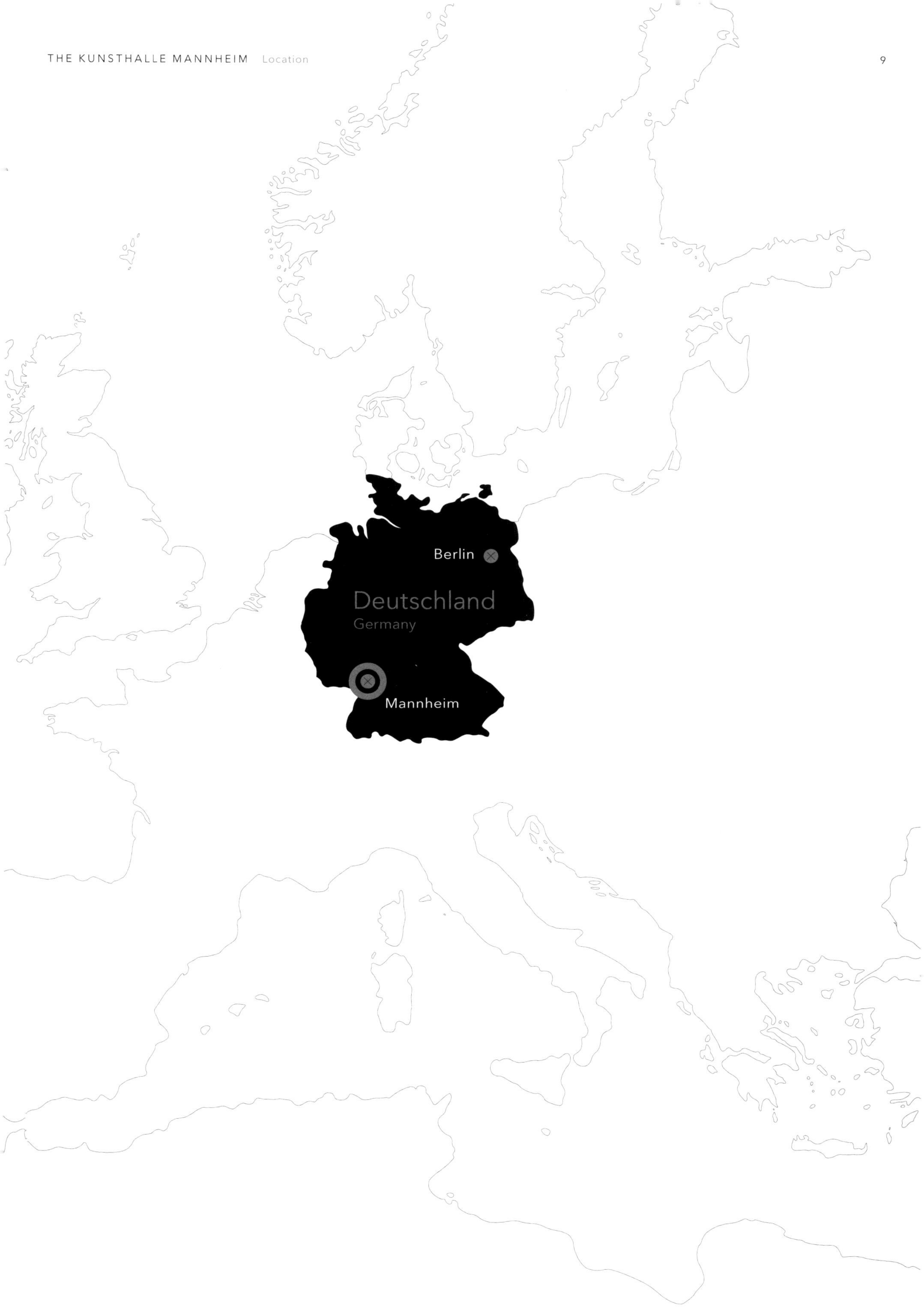
Berlin
Deutschland
Germany
Mannheim

Stadt im Quadrat

Mit dem Bau des Hafens und der ersten badischen Eisenbahnlinie wurde Mannheim im 19. Jahrhundert zum Industriestandort; hier fuhr der erste elektrische Aufzug, hier wurden der Vorläufer des Fahrrads, die Draisine, und das Automobil erfunden. Nach ihrer nahezu vollständigen Zerstörung im Zweiten Weltkrieg wurde die Stadt Schritt für Schritt neu aufgebaut, Schloss und Wasserturm wurden originalgetreu rekonstruiert. Heute ist die multikulturelle Industriestadt im Umbruch: Auf ehemaligen Industrie- und Militärflächen entstehen neue Stadtquartiere, eine vielfältige Musik- und Kunstszene bereichert das kulturelle Leben der Stadt.

City Squared

With the construction of the harbor and the first railroad line in Baden, Mannheim became an industrial center in the 19th century; it was here where the first electric elevator was demonstrated, and the bicycle's precursor—the draisine, or dandy horse—as well as the automobile were both invented here. After being almost completely destroyed in the Second World War, the city was rebuilt step by step, and both the palace and the water tower were faithfully reconstructed. Today, the multicultural industrial city is in transition: new urban districts are being created on former industrial and military sites, and a diverse music and art scene enriches the cultural life of the city.

Mannheim in Zahlen

Fläche:
145 km²

Bevölkerung:
318.910

Mannheim in Figures

Area:
145 km²

Population:
318,910

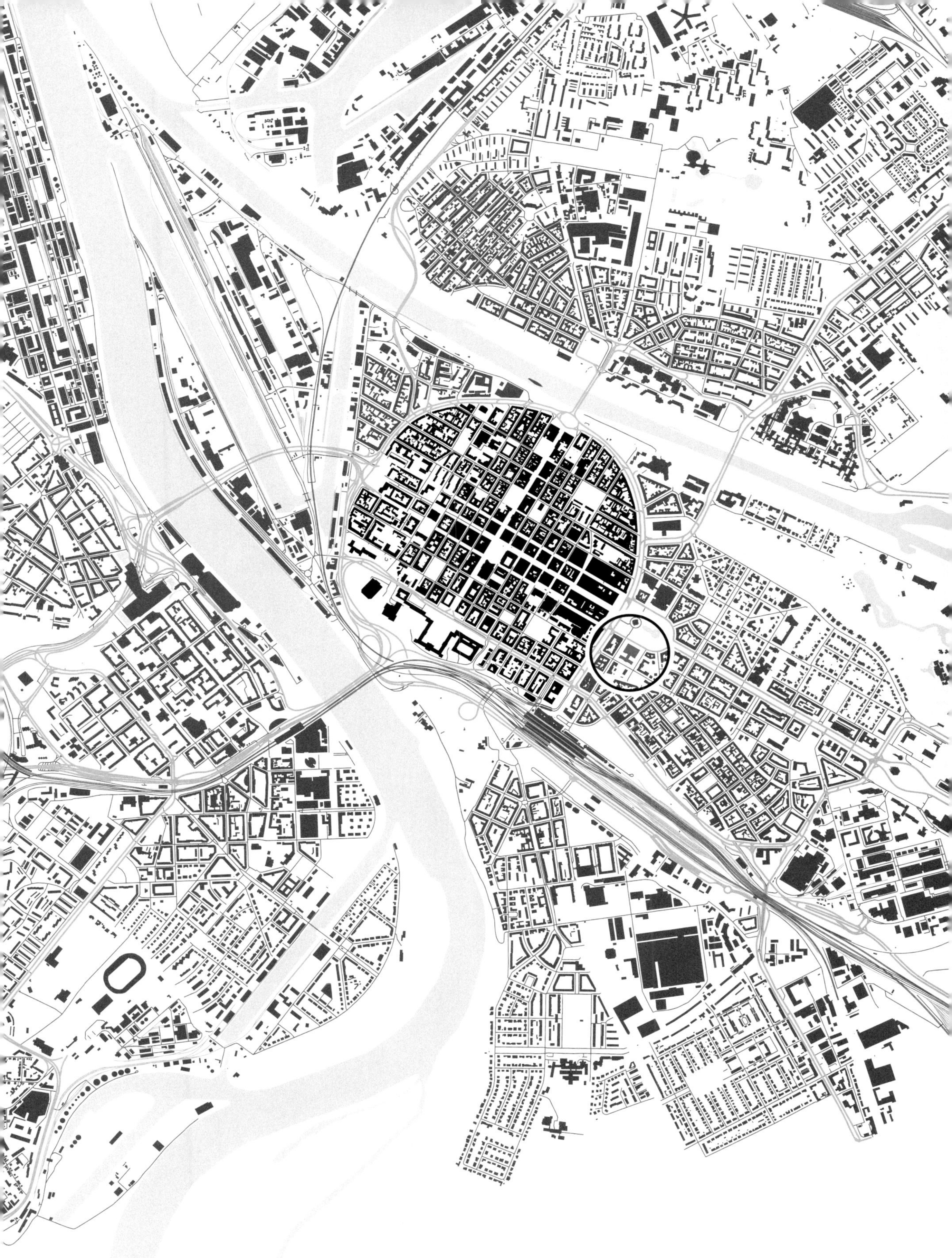

Stadtgebiet Mannheim/ Ludwigshafen
Mannheim/Ludwigshafen city area

Kunsthalle Mannheim
Kunsthalle Mannheim

Innenstadt
Inner city

Städtische Bebauung
Urban building

Wasserwege
Waterways

Grünanlagen
Greens

Vorwort

Meinhard von Gerkan

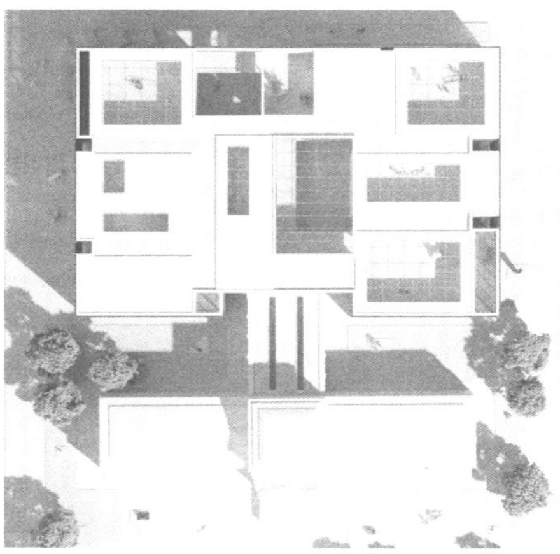

Wettbewerbsmodell Entwurf, 2012
Competition design model, 2012

Welches Recht hat zeitgenössische Architektur, sich selbst zu behaupten? Ich vertrete die Auffassung, dass die Bauten der Gegenwart einen Anspruch darauf haben, mit zeitgemäßen Konstruktionen und Baustoffen in heutiger Formensprache und ohne Leugnung der Inhalte und Nutzungen in Erscheinung zu treten. Jedes heute entworfene Gebäude ist ein zeitgeschichtlicher Beitrag, der durch seine Eigenständigkeit zugleich Abbild unserer Gesellschaft ist. Jede Generation hat das Recht, ja sogar die Pflicht, unter den jeweiligen Bedingungen der Gegenwart ihren baugeschichtlichen Beitrag zu leisten. Tradierte architektonische Ausdrucksformen können dieser Pflicht ebenso wenig genügen, wie denkmalpflegerischer Erhalt oder der Wiederaufbau historischer Gebäude nur Ausnahme bleiben können.

Die von mir als notwendig erachtete Selbstbehauptung der Gegenwartsarchitektur in Form, Material, Konstruktion und auch Dimension muss jedoch keineswegs „ortlos" sein. Eine aus den Wirkungskräften der Gegenwart entwickelte Architektur kann sehr wohl die Bedingungen des Ortes respektieren und in die spezifische Entwurfslösung integrieren. Entscheidend für die Integration eines neuen Bauwerks in sein Umfeld ist der Dialog, der zwischen dem Gebäude und seiner Umgebung zustande kommt. Dieser kann auf unterschiedliche Art und Weise geführt werden. Er kann gleichermaßen auf harmonische Einfügung abzielen wie auf bewusste Kontrastierung.

Ich will nicht leugnen, dass der Neubau der Kunsthalle Mannheim eine neutrale Hülle hat - und zwar aus Überzeugung. Heutzutage ist es ja zur Mode geworden, dass sich Museen selbst ausstellen. Dies sind die bekannten „architektonischen Wunderkakteen", die zu bauen man manchen Kollegen vorhält. Ein Museum darf jedoch nicht durch das Dogma eines Stils beeinträchtigt werden. Der Respekt gegenüber dem, was gezeigt wird, ist angemessener als ein Bauwerk, das sich zu stark selbst behauptet. Wenn es gelingt, ein neutrales Gebäude zu schaffen, das seine Ausdruckskraft aus der Materialität und sinnfälligen Funktion zieht, sind die Hauptanforderungen erfüllt. Unser Anliegen war es daher, eine Symbiose zwischen Museum und den Gegebenheiten der Stadt zu finden. Der Grundriss der Stadt Mannheim ist durch die rasterartige Blockstruktur, die durch rechtwinklig zueinander verlaufende Straßen gebildet wird, charakterisiert. Für unseren Entwurf der Kunsthalle haben wir daher das Gebäude als eine „Stadt in der Stadt" ausgebildet und die Analogie in der äußeren Kubatur und der inneren Raumdisposition hergestellt.

Preface

Meinhard von Gerkan

What right does contemporary architecture have to assert itself? It is my belief that the buildings of the present are entitled to manifest themselves with modern constructions and building materials in a contemporary formal idiom without denying their contents and uses. Every building designed today is a contribution to contemporary history that, thanks to its independence, is at the same time a reflection of our society. Every generation has the right, even the obligation, to make its contribution to building history based on the prevailing conditions of the present. Traditional architectonic forms of expression are as unable to fulfill this obligation as the preservation or reconstruction of historical buildings can remain exceptions.

The self-assertion of contemporary architecture in form, material, construction, and also scale, that I deem to be necessary, must not, however, by any means be "placeless." An architecture developed from the driving forces of the present can indeed respect the conditions of a place and be integrated into the specific design solution. Decisive for the integration of a new building into its environs is the dialogue that comes into being between the building and its surroundings. This dialogue can be conducted in different ways. It can aim equally at harmonious integration and at deliberate contrast.

I will not deny that our new building for Kunsthalle Mannheim has a neutral shell–out of conviction. After all, today it has become fashionable for museums to exhibit themselves. These are the well-known "miracle cactuses of architecture" that some colleagues are charged with building. A museum may not, however, be impaired by the dogma of a style. Respect for what is exhibited is more appropriate than a building that asserts itself too strongly. If one is successful in creating a neutral building that draws its expressive power from its use of materials and its evident function, then the main requirements have been fulfilled. What we therefore wanted was to find a symbiosis between museum and the circumstances of the city. The layout of the city of Mannheim is characterized by its grid-like structure of urban blocks formed by streets running perpendicular to one another. Thus we developed our design for the Kunsthalle as a "city within the city," establishing the analogy in the outer form and in the arrangement of the interior spaces.

Building within a narrow context is–perhaps to the surprise of some non-architects–generally easier. One is able to react, to move within dependencies and commitments. Because, to my mind, architecture as art with a social use is a product of the free spirit and, at the same, an obligation to the material. It was not least due to the general economic conditions, the tightly limited budget, and the cost discipline of the Kunsthalle Mannheim Foundation that we committed ourselves to an architectural minimalism. Because the most effective and likewise least expensive luxury that we can afford in architecture is to have spaciousness, clarity, daylight, and air. The spatial expanse of Kunsthalle Mannheim creates a gain in the quality of experience, distinctiveness, and with that, architectural autonomy that could never be achieved by using expensive materials and superfluous decor.

Closely tied to this is the intention to integrate the public realm into the building, or to make parts of the building themselves into a public yet climate-protected space. This goal, which has guided me for decades–in particular in designing public buildings–manifests itself in an utterly exemplary manner in Kunsthalle Mannheim's "market square," the atrium. A space like this with public character must be open to casual use, must have natural lighting, and it must be clearly structured, spacious, and understandable. Every visitor must feel at ease when spending time there and should feel no pressure of any kind to do anything specific. The character of the public sphere is immediately constrained if members of the public feel compelled to do something, such as having to pick up a book or look at a work of art in an appreciative way. Even more valuable is when, as in Mannheim, a varied spatial interplay exists between inside and outside, when it is possible for visitors to discern the time of the day, the season, and the weather conditions, be they sunny, cloudy, stormy, or snowy.

The museum as a building type represents almost the only construction task today that is able to celebrate itself as architecture–just as palaces, castles, and cathedrals did in our architectural history. It is a task that is not already strangulated from the outset by the dictates of the market and is also not subsequently deformed by utilitarian principles. The new Kunsthalle Mannheim building thus has the potential to survive as a contemporary witness of the architecture of the historical period we live in.

In einem engen Kontext zu bauen ist generell - vielleicht zur Verblüffung mancher Nicht-Architekten - durchaus leichter - reagieren zu können, sich in Abhängigkeiten und Bindungen zu bewegen. Denn Architektur als Kunst in sozialer Anwendung ist nach meiner Auffassung ein Produkt des freien Geistes und der materiellen Bindung zugleich. Nicht zuletzt den ökonomischen Rahmenbedingungen, dem streng limitierten Budget und der Kostendisziplin der Stiftung Kunsthalle Mannheim ist geschuldet, dass wir uns einem architektonischen Minimalismus verschrieben haben. Denn der wirkungsvollste und zugleich preiswerteste Luxus, den wir uns architektonisch erlauben können, ist Großräumigkeit, Übersichtlichkeit, Tageslicht, Luft zu haben. Die räumliche Weite der Kunsthalle Mannheim schafft einen Zugewinn an Erlebnisqualität, Unverwechselbarkeit und damit architektonischer Selbstbestimmung, der durch den Einsatz von teuren Materialien und überflüssigem Dekor niemals erreicht werden könnte.

Damit eng verbunden ist die Absicht, den öffentlichen Raum in das Gebäude zu integrieren beziehungsweise Teile des Museums selbst zu einem öffentlichen, gleichwohl klimageschützten Raum zu machen. Dieses Ziel, das mich bei der Gestaltung insbesondere öffentlicher Bauten seit Jahrzehnten leitet, manifestiert sich geradezu beispielhaft im „Marktplatz" der Kunsthalle Mannheim, dem Atrium. Ein solcher Raum mit öffentlichem Charakter muss ungezwungen nutzbar sein, er muss natürlich belichtet, klar strukturiert, großzügig und übersichtlich sein. Jeder Besucher muss sich darin völlig ungezwungen aufhalten können und sollte keinerlei Druck verspüren, etwas Bestimmtes tun zu müssen. Der Charakter der Öffentlichkeit wird sofort stark eingeschränkt, wenn das Publikum sich dem Zwang ausgesetzt fühlt, etwa ein Buch in die Hand nehmen oder kunstverständig ein Bild betrachten zu müssen. Noch einmal wertvoller ist es, wenn wie in Mannheim ein vielfältiges räumliches Wechselspiel zwischen Innen und Außen entsteht, wenn Tages- und Jahreszeiten, wenn Witterungsstimmungen wahrgenommen werden können, ob Sonne, Wolken, Gewitter oder Schneefall.

Das Museum als Bautypus stellt heute nahezu die einzige Bauaufgabe dar, die sich als Architektur selbst zu zelebrieren vermag, so wie die Schlösser, die Burgen, die Kathedralen in unserer Baugeschichte. Eine Aufgabe, die nicht durch die Gesetze des Marktes bereits vorab stranguliert und auch nicht durch das Utilitaritätsprinzip im Nachhinein verunstaltet wird. Der Neubau der Kunsthalle Mannheim verfügt damit über das Potenzial, als Zeitzeugnis der Architektur unserer Geschichtsperiode zu überdauern.

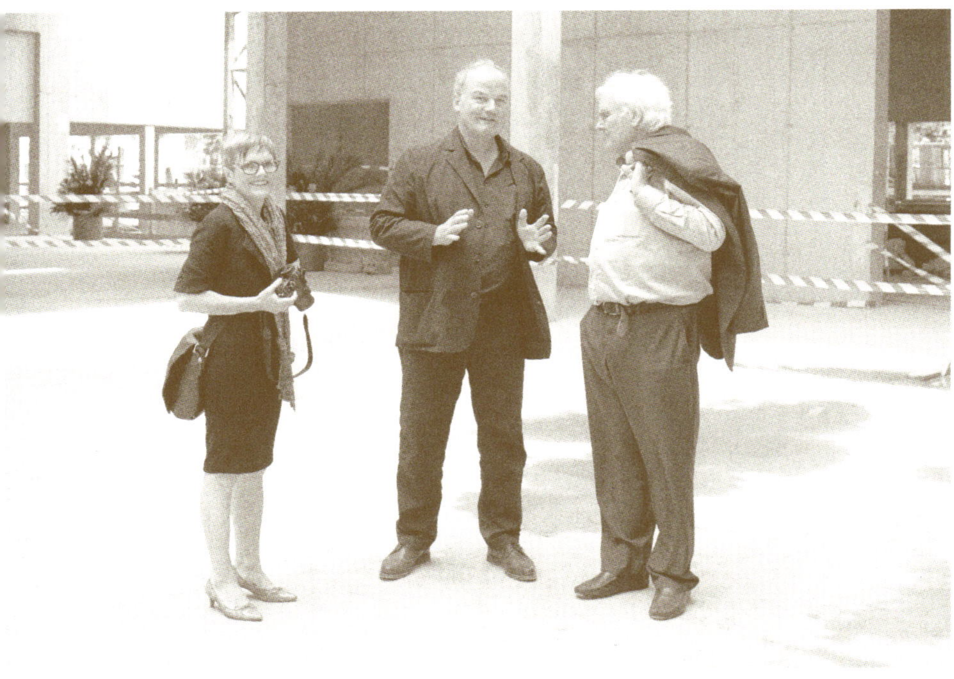

Meinhard von Gerkan mit Ulrike Lorenz und Nikolaus Goetze im Rohbau der Kunsthalle anlässlich des Richtfestes 2016
Meinhard von Gerkan with Ulrike Lorenz and Nikolaus Goetze on site on the occasion of the topping-out ceremony in 2016

„Unser Luxus war der Raum"

gmp-Partner Nikolaus Goetze, Volkmar Sievers, assoziierter Partner am gmp-Standort Hamburg, und Projektleiterin Liselotte Knall im Gespräch mit Architekturkritiker Jürgen Tietz

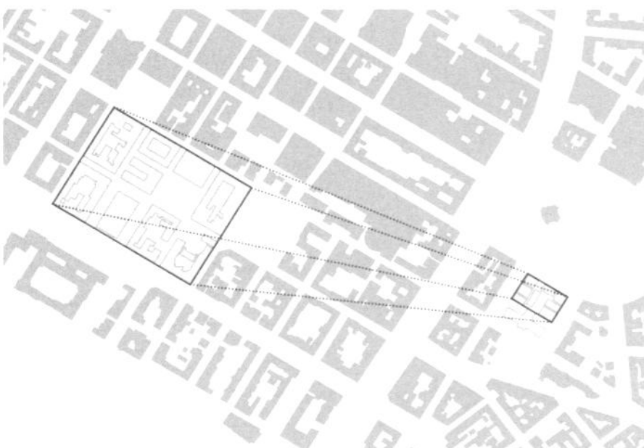

1

JÜRGEN TIETZ Wie kam der Entwurf für den Neubau der Kunsthalle Mannheim zustande, und welche Aspekte haben im Entwurfsprozess eine Rolle gespielt?
NIKOLAUS GOETZE Wir haben bereits in Asien einige Museen gebaut wie das Maritim Museum in Lingang bei Shanghai, das Chinesische Nationalmuseum in Peking oder das Hanoi Museum in Vietnam. Daher waren wir sehr motiviert, mit der Kunsthalle Mannheim ein Museum in Deutschland zu entwerfen. In der Wettbewerbsphase haben wir zunächst sehr genau Mannheims Stadtgrundriss studiert: eine geplante Stadt, mit einer gerasterten Blockstruktur, wodurch sich wunderschöne Achsen ergeben. Sehr schnell kam uns die Idee, das Museum als eine „Stadt in der Stadt" zu begreifen. Leitmotiv war dabei die Vielfalt der Mannheimer Blöcke, denn die Baublöcke nimmt man zwar von außen meist als Einheit wahr, aber wenn man hineingeht, erkennt man, wie vielfältig sie sind: Es gibt kleine Werkstätten, in der zweiten und dritten Reihe wird gewohnt, es gibt Gärten, Spielplätze und Gassen. Die Idee war daher, dass man die Kunsthalle bereits von außen als einen Bestandteil der Blöcke Mannheims wahrnimmt [1], die alle die gleichen Proportionen haben. Die verglasten Fugen, die sich durch den Versatz der Ausstellungskuben ergeben, sollen neugierig machen, sodass man von außen in die „Gassen" des Museums hineinschauen kann und so verführt wird, das Haus zu betreten. Neben den Gassen gibt es auch einen „Marktplatz" in der Kunsthalle, das Atrium. Zu berücksichtigen waren natürlich die unterschiedlichen Anforderungen der Räume für Skulpturen, die seitliches Tageslicht benötigen, für Gemälde, die künstliches Licht brauchen, sowie für Wechselausstellungen. Diese unterschiedlichen Ausstellungskuben haben wir kompositorisch zusammengefügt.

Ein weiterer Aspekt war die Anbindung an den Altbau der Kunsthalle. [2] Unsere Idee war, das Jugendstilgebäude nur über den Athene-Trakt mit dem Neubau zu verbinden, als Brücke zwischen Alt und Neu.

Das letzte Thema war dann die Fassade. [3] Wir haben uns gefragt, wie wir es schaffen, diese Komposition aus vielen kleinen Kuben zu einer Einheit zusammenzufassen, ohne sie zu verstecken. Daraus erwuchs bereits im Wettbewerb die Idee einer transparenten Fassade, sodass ein einheitliches Erscheinungsbild entsteht und man beim zweiten Hinsehen die Kuben und Gassen erkennt.
VOLKMAR SIEVERS Rückblickend klingt das ganz einfach. Dabei haben wir zu Beginn parallel zwei ganz unterschiedliche Varianten untersucht – neben der Kubenkomposition, auf die am Ende die Wahl fiel, auch eine Scheibenkomposition. Eine zentrale Frage war dabei: Wie nähert man sich dem Museum, wie sind die öffentlichen Bereiche gestaltet? Bei der Scheibenvariante hatten wir einen städtischen Vorplatz, einen Platz zwischen dem öffentlichen Raum und dem privaten Museum, unter einem großen auskragenden Dach.

JT Ein Grundproblem des Ortes ist ja, dass der öffentliche Raum vor dem Museum eigentlich zu klein ist. Von daher hätte das auskragende Dach einen Ausweg geboten. Warum ist dann die Entscheidung für die Kuben gefallen?
VS Diese Variante war in der Raumwirkung einfach viel spannender. Wir haben uns getraut, den öffentlichen Raum nach innen zu verlegen. [4]

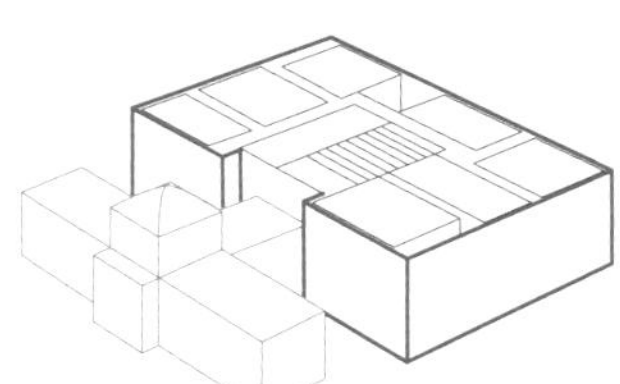

2

"Our Luxury Was the Space"

gmp partner Nikolaus Goetze, associate partner Volkmar Sievers, and project manager Liselotte Knall in conversation with architecture critic Jürgen Tietz

JÜRGEN TIETZ How did the design for the new building for Kunsthalle Mannheim come about, and what aspects played a role in the design process?

NIKOLAUS GOETZE We have already built several museums in Asia, such as the Maritime Museum in Lingang near Shanghai, the Chinese National Museum in Beijing, and the Hanoi Museum in Vietnam. So, we were highly motivated to design a museum in Germany, and hence the Kunsthalle in Mannheim. During the competition phase, we began by studying Mannheim's urban layout very closely. Mannheim is a planned city, with a gridded block structure that results in beautiful axes. We soon came up with the idea of understanding the museum as a "city within the city." Our leitmotif was the diversity of the Mannheim city blocks. Although the building blocks are usually perceived as a unit when seen from outside, upon entering you realize how diverse they actually are: there are small workshops, there are apartments in the second and third row, and there are gardens, playgrounds, and alleys. So the idea was that the Kunsthalle should be perceived from the outside as part of Mannheim's blocks [1], which all have the same proportions.

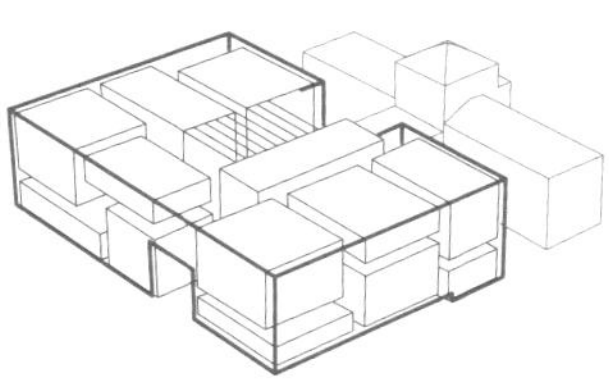

3

The glazed joints that result from offsetting the exhibition cubes are meant to inspire curiosity, so you can look into these "alleys" of the museum from the outside, thus seducing you to enter the building. In addition to the alleys, the Kunsthalle also has a "town square": the atrium. Of course, consideration had to be given to the varied requirements of the spaces for sculptures (which need lateral daylight), for paintings (which need artificial light), and for temporary exhibitions. We assembled these different exhibition cubes in an inspiring composition.

Another aspect was the connection to the original Kunsthalle building. [2] Our idea was to link the Jugendstil building with the new building only via the historic Athena wing, serving as a bridge between old and new.

The last aspect was the facade. [3] We asked ourselves how we can manage to unify this composition of many small cubes into a single entity without hiding them. As a result, during the competition we had already conceived the idea of a transparent facade, which would create a uniform appearance and still allow you to recognize the cubes and alleys at second glance.

VOLKMAR SIEVERS Looking back, that sounds very simple. But at the beginning we simultaneously explored two very different versions, with a composition of slabs in addition to the composition of cubes that was ultimately chosen. A central question was: how does one approach the museum—how are the public areas designed? In the slab version we had an urban entry court, a space between the public realm and the private museum, beneath a large cantilevered roof.

JT A basic problem with the site is that the public space in front of the museum is essentially too small. Hence the cantilevered roof would have offered a way out. Why, then, did you decide on the cubes?

VS This version was just much more exciting in terms of its spatial impact. We dared to move the public space inside. [4]

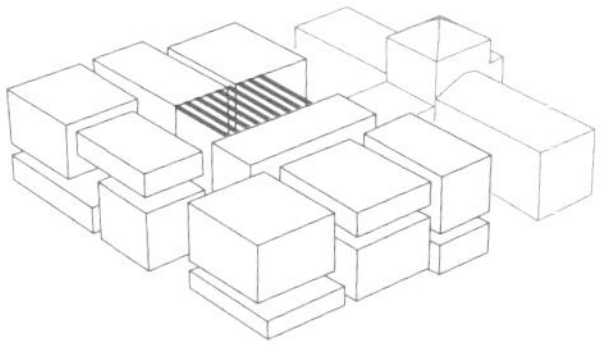

4

NG Ganz entscheidend war für uns auch die Wegführung, der Rundgang durch das Museum. In diesem Zusammenhang denke ich an die Hamburger Kunsthalle, die seit der Schließung des Haupteingangs in der Galerie der Gegenwart nur noch über den Altbau zugänglich ist. Dort gibt es große Probleme, die Besucher, die das Museum durch die alte Kunsthalle betreten, auch in die neue Kunsthalle zu bekommen, weil man dafür erst durch das Untergeschoss muss, das beide Häuser verbindet. Wichtig beim Rundgang in Mannheim war uns daher, den Neubau so mit dem Altbau zu verweben, dass der Weg vom neuen in das alte Haus immer wieder Highlights bietet und die Besucher unterwegs nicht verloren gehen.

Natürlich haben wir auch von den großen, alten Museen gelernt. Bei allem Respekt vor dem Louvre in Paris oder der Pinakothek in München – es erschöpft einen doch sehr schnell, wenn man von einem Saal in den anderen geht und es zwischendurch gar keine Pausen gibt. Wenn die Besucher in Mannheim von einem Kubus zum anderen gehen, von der Skulpturenausstellung zu den Gemälden, dann gibt es zwischendurch immer wieder diese Zäsuren, die Gassen und Brücken mit Ausblicken in die Stadt, durch die man sich an jeder Stelle im Haus und in der Stadt verorten kann. Das heißt, man kommt aus einem Ausstellungsraum und blickt auf den Friedrichsplatz, man kann sich kurz ausruhen und betritt dann eine weitere Kunstwelt.

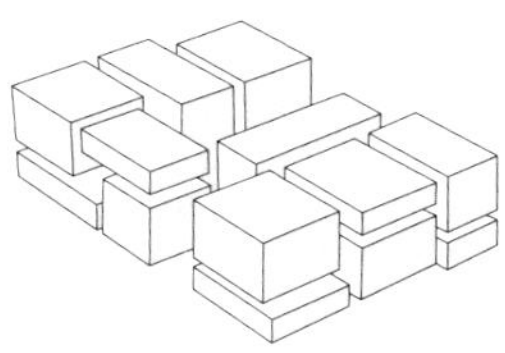

5

VS Ich glaube, unser künstlerischer Ansatz, dass wir etwas komponiert haben, anstatt einfach ein großes Haus zu entwerfen, hat überrascht. Die anderen Wettbewerbsbeiträge haben versucht, das Raumprogramm funktional umzusetzen. Wir hatten einfach das spannendste räumliche Konzept, eine Komposition aus Kuben, mit breiten Fugen dazwischen. [5] Und das ist nicht unbedingt ein architektonisches Konzept, sondern in erster Linie eine kompositorische Aufgabe.

JT Damit haben Sie auf zwei grundsätzliche Probleme reagiert, die zeitgenössische Museen sehr häufig haben: zum einen das Bilbao-Problem, wo eine Konkurrenz zwischen Architektur und der Kunst entsteht, die im Museum ausgestellt wird. Das wird in Mannheim ganz bewusst nicht gemacht. Das zweite Problem ist der Grundkonflikt, wonach man für ein Museum eigentlich einen *White Cube* oder eine *Black Box* braucht. Ihnen ging es ja aber darum, eine dialogische Form zu finden, die den Besuchern die Verortung ermöglicht.

LISELOTTE KNALL Dabei sind die Ausstellungskuben untereinander sehr differenziert und eben keine hermetischen Räume, sondern weisen zum Teil ganz unterschiedliche Öffnungen und natürliche Belichtung unterschiedlichen Charakters auf. Etliche Kunstwerke werden zwar bei Tageslicht erschaffen, müssen aber immer bei Kunstlicht ausgestellt werden. Es ist eines der wenigen Museumskonzepte, das es ermöglicht, die Kunstwerke auch entsprechend zu präsentieren. Sie haben dann eine ganz andere Wirkung.

JT Ich nehme an, dass nach dem Wettbewerbssieg im Dialog mit dem Nutzer am Konzept gefeilt wurde. Und das ist mit Reibungsverlusten behaftet, oder?

NG In der ersten Runde waren wir ja einer von drei gleichrangig Erstplatzierten. Wir mussten dann noch einmal überarbeiten und dazu unser Büro in einer Ausstellung der Öffentlichkeit vorstellen. Dafür haben wir eine Auswahl von über vierzig gmp-Projekten auf Postkarten gedruckt und zu Stapeln aufgetürmt. [6] Jeder, der wollte, konnte eine Karte mitnehmen. An den Wänden hingen Porträts der Mitarbeiter des Projektteams, die sich aus unzähligen Bildpixeln in Form von Skizzen, Plänen und Projektfotos zusammensetzten – ein Mosaik unserer Bauten. [7]

Aber zurück zur Frage der Reibungsverluste: Der Stifter, Hans-Werner Hector, hatte erklärt, er stellte den Betrag von 50 Millionen Euro zur Verfügung. Wir haben es nicht gewagt, diese Zahl je infrage zu stellen. Dabei gab es hier und da schon noch Zusatzkosten, etwa für die Gestaltung der Außenanlagen. Die wurden dann von der Stadt übernommen, und andere Stifter haben etwas dazugegeben. Insofern war unser Gebäude einem gewissen Kostendruck ausgesetzt. Natürlich mussten wir dabei bei einigen Punkten Kompromisse eingehen. Generell muss man aber sagen, dass die Taktik, im Vorwege Kosten einzusparen, um sie dann peu à peu im Prozess des Planens und Bauens wieder ausgeben zu können, funktioniert hat. Die Kunsthalle ist ein öffentlicher Bau, der ohne Überschreitungen des Kostenrahmens erstellt wurde. Das muss man hervorheben, denn es ist heutzutage nicht mehr selbstverständlich, dass man mit einem vor über fünf Jahren festgelegten Budget auskommt.

Und wenn man heute durch das Museum geht, dann sagen viele: „Das ist schon sehr puristisch." Ich antworte dann immer: „Das ist nicht puristisch, weil wir Kosten sparen mussten, sondern, weil wir der Kunst dienen wollen."

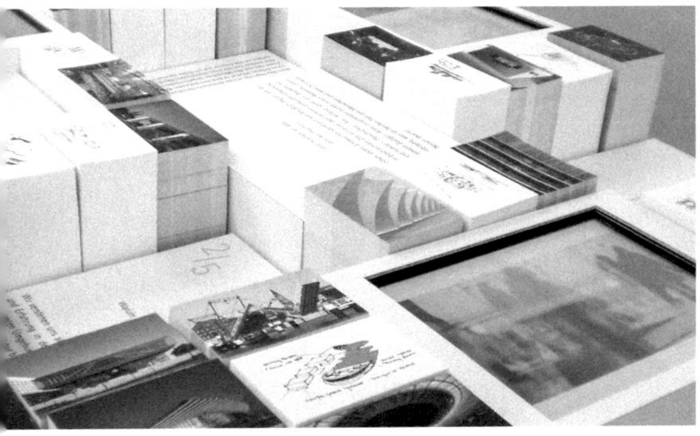

6

NG A decisive factor for us was also the circulation path, the circuit through the museum. In that regard I think of Hamburger Kunsthalle, which has been accessible only via the old building ever since the closure of the main entrance in the Gallery of Contemporary Art. They have big problems there in getting visitors who enter the museum through the old building to also go into the new building, because they first have to go down into the lower level that connects the two buildings. Hence with regard to the circuit in Mannheim, it was important for us to weave together the new and old buildings in such a way that the path from the new building to the old one always offers highlights and the visitors do not get lost somewhere along the way.

Of course, we have also learned from the big, old museums. With all due respect to the Louvre in Paris or the Pinakothek in Munich, it quickly becomes very exhausting to go from one hall to another without any breaks in between. When the visitors in Mannheim go from one cube to another, from the sculpture exhibition to the paintings, for instance, there are always these breaks, the alleys and bridges with views out into the city, which help you, no matter where you are, to locate yourself within the building and within the city. That means, you come out of an exhibition space and look out to Friedrichsplatz; you can rest for a while and then enter another art world.

VS I think our artistic approach of composing something, rather than simply designing a large building, was surprising to many. The other competition entries tried to functionally implement the spatial program. We simply had the most exciting spatial concept, a composition of cubes, with wide joints in between. [5] And that is not necessarily an architectural concept, but primarily a compositional task.

JT In so doing, you responded to two fundamental problems that contemporary museums confront very often: for one thing, the Bilbao problem—where competition arises between the architecture and the art being exhibited in the museum. That is deliberately avoided in Mannheim. The second problem is the basic conflict that what a museum actually needs is either a white cube or a black box. But you were concerned with finding a dialogical form that would enable the visitors to situate themselves.

LISELOTTE KNALL The exhibition cubes are very differentiated among themselves and are simply not hermetic spaces. Instead, they have highly differentiated openings and natural lighting of varied character. Many artworks are created in daylight but must always be displayed in artificial light. This is one of the few museum concepts that makes it possible to present the artworks accordingly, so they have a completely different impact.

JT I presume that after winning the competition, the concept was honed in dialogue with the user. And that is fraught with friction, isn't it?

NG In the first round, we were one of three equally ranked first-prize winners. We then had to revise our design again and present our office to the public in an exhibition. To that end, we printed a selection of more than forty gmp projects on postcards and piled them up in stacks. [6] Anyone who wanted to could take a card with them. On the walls hung portraits of the members of the project team, which were composed of countless image pixels in the form of sketches, plans and project photos—a mosaic of our buildings. [7]

But back to your question about friction: The benefactor, Hans-Werner Hector, had stated that he would provide a sum in the amount of 50 million euros. We did not dare to question that figure. Nevertheless, there were additional costs here and there, for example for the exterior design. Those costs were then assumed by the city, and other donors made contributions. In that respect, our building was subject to certain cost pressures. Of course we had to make compromises on some points.

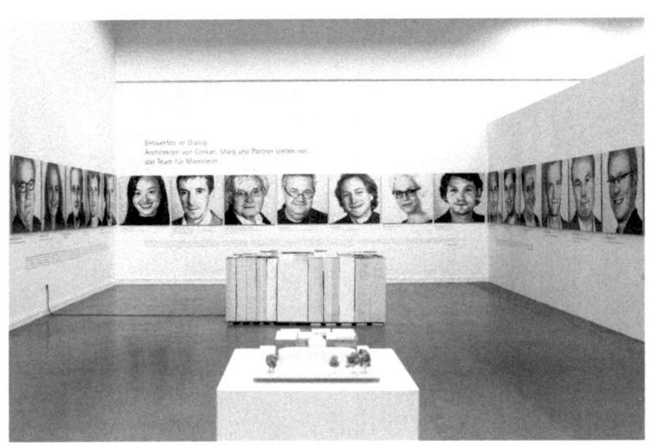

7

JT Inwiefern „puristisch"?

NG In Bezug auf die Materialität. Der Boden ist ein großformatiger Betonestrich, der ganz wenige Fugen hat. Die Wände: absolut reduziert. Neben den Akustikdecken waren die hölzernen Brüstungsabdeckungen das Einzige, was wirklich teurer war. Das haben wir uns gegönnt, weil es einfach schön ist, sie zu berühren. Ansonsten haben wir uns in allem sehr zurückgehalten. Unser Luxus war der Raum, der Luftraum des Atriums, es waren das Tageslicht und die Blickbeziehungen. Und natürlich die Außenfassade, die uns wichtig war. Es gab lange diese Diskussion: Warum braucht ihr zwei Fassaden, reicht nicht eine? Wozu braucht man das Mesh, das Metallgewebe, an der Fassade? Lasst das doch so! Das Mesh ist in der Tat ein Luxus, aber es fasst das Ganze zu einer Einheit zusammen und war seit dem Wettbewerb ein wichtiges Element unserer Architektur.

JT Warum kein Sandstein?

VS Es gab lange Zeit öffentliche Debatten, und einige wollten einen Museumsbau mit historisierenden Fassaden aus rotem Sandstein, weil fast alle anderen Gebäude am Friedrichsplatz Sandsteinfassaden haben. Das war für uns aber kein zeitgemäßes Material. Es hätte sich dem Alten angebiedert. Wir wollten dem etwas Neues entgegensetzen, was sich in seiner Farbigkeit einfügt.

NG Ich fand das leicht Experimentelle des Mesh von Anfang an faszinierend. Wie beim Centre Pompidou, das ja eines der meist gehassten Gebäude in Paris ist und dennoch eines der erfolgreichsten Museen der Welt. Oder das Whitney Museum of American Art von Renzo Piano an der High Line in New York, das letztlich eine Raffinerie ist. Wir wollten keine Raffinerie, aber wir wollten ein ungewöhnliches Gebäude, das neugierig macht. Ein Zeichen, dass hier etwas in Bewegung ist. Wenn man die Fassaden in Sandstein ausgeführt hätte, hätte es schon so satt gewirkt; als würde man bereits zur Vorspeise einen Hamburger essen.

VS Wir haben das Edelstahl-Mesh bronziert, um den Sandstein zu interpretieren, ohne ihn zu kopieren. Darüber hatten wir viele, viele Auseinandersetzungen mit den Mannheimer Bürgern. Aber unmittelbar nach der offiziellen Übergabe des Neubaus im Dezember 2017 war in den Medien die Kritik weitgehend verstummt.

JT Hat dieser öffentliche Diskurs auf die Umsetzung Einfluss gehabt? Hat er die Arbeit erschwert?

LK Wir haben die Öffentlichkeitsarbeit der Kunsthalle in mehreren Runden mit Präsentationen, Erläuterungen, Fassadenmustern und bei Pressekonferenzen unterstützt. Bei uns war der Aufwand in der Öffentlichkeitsarbeit schon recht hoch. Es ging ja darum sicherzustellen, dass das Gebäude von den Mannheimer Bürgern akzeptiert wird, bevor es gebaut wird.

NG Es gab mehrere Ebenen, auf denen diskutiert wurde – mit dem Stiftungsrat, der Stadt als Bauherrschaft und der Direktorin der Kunsthalle, Ulrike Lorenz, als Nutzerin. Diese Gespräche waren immer sehr professionell, sehr gut vorbereitet. Und dann gab es die sehr emotionalen Bürgerforen, aus denen wir viel gelernt haben. Ich denke, dass man sich in Zukunft bei solchen wichtigen öffentlichen Bauaufgaben mehr öffnen und die Bevölkerung stärker einbinden muss. Nur muss man sie *richtig* einbinden: Man muss sie aufklären und nicht mit Halbwissen füttern.

JT Wie ist es weitergegangen? Es hat eine Einsparrunde gegeben, die Bürgerforen, und dann ging es an die Umsetzung.

LK Bei der Ausführung gab es eine Konstellation, die immer ein bisschen schwierig ist. Wir waren nicht für das ganze Leistungsbild nach der Honorarordnung für Architekten und Ingenieure (HOAI) beauftragt. Stattdessen gab es nach der Leistungsphase 5, der Ausführungsplanung, die die Grundlage für den Bau bildet, einen Schnitt. Die folgenden Leistungsphasen wurden vom Projektsteuerer übernommen, und das war für alle sehr schwierig, für den Bauherrn ebenso wie für uns. Das muss man auch nicht schönreden, das hätte flüssiger laufen können. Die Steuerung der Planverteilung, der Bauabläufe und das Zusammenkommen von Planern und Bauleitung waren sehr zäh.

JT Klingt so, als wenn dabei viel Zeit verloren gegangen wäre …

LK Sehr viel. Wir waren mit der Planungsleistung in der Zeit und haben dann ein halbes Jahr verloren, weil es weder dem Bauvorstand noch uns möglich war, das zu kontrollieren. Projektsteuerung und Ausführung zu vermischen, ist definitiv nicht sinnvoll. Jemand, der ein Projekt steuern und kontrollieren, der Ruhe und Kontinuität gewährleisten soll, der sollte nicht am Baufortschritt beteiligt sein. Der Projektsteuerer setzt sich ja nicht selbst in Verzug oder mahnt sich selbst ab – ein Interessenskonflikt.

But in general it must be said that the tactic worked—of saving costs in advance in order to then be in a position to make expenditures again, little by little, during the process of planning and building. The Kunsthalle is a public building that was built without budget overruns. That needs to be emphasized, because today it is no longer self-evident that you can get by on a budget set more than five years earlier.

If you go through the museum today, many say it is very puristic. And I always reply that it is not puristic because we had to save costs, but because we want to serve the art.

JT "Puristic" in what way?

NG With respect to the choice of materials. The floor is made of concrete screed with very few joints. The walls are simplified to a minimum. In addition to the acoustic ceilings, the wooden copings on the parapets were the only thing that was really more expensive. We indulged ourselves on those because it is simply nice to touch them. Other than that, we restrained ourselves very much with everything. Our luxury was the space, the open space of the atrium, the daylight and the visual connection. And of course the exterior facade, which was important to us. There was a protracted discussion: Why do you need two facades, isn't one enough? Why do you need the mesh, the metal fabric on the facade? Let it be that way. The mesh is indeed a luxury, but it unites the entirety and has been an important element of our architecture since the competition.

JT Why not sandstone?

VS For a long time there were public debates, and some people wanted a museum building with historicizing facades of red sandstone because almost all the other buildings on Friedrichsplatz have sandstone facades. But for us that was not a contemporary material. It would have fit in with the old building. We wanted to create a contrast to it with something new that harmonizes with its color.

NG I found the slightly experimental nature of the mesh fascinating from the outset. Like at the Centre Pompidou, which is one of the most hated buildings in Paris and yet one of the most successful museums in the world. Or the Whitney Museum of American Art by Renzo Piano on the High Line in New York, which is ultimately a refinery. We did not want a refinery. But we wanted an unusual building that makes people curious. A sign that something is in flux here. If the facades had been made of sandstone, they would have seemed so full. As if you would eat a hamburger as an appetizer.

VS We gave the stainless steel mesh a bronze-colored finish to render the sandstone without copying it. We had many, many discussions about that with the citizens of Mannheim. But immediately after the official handover of the new building in December 2017, criticism in the media fell largely silent.

JT Did that public discourse have an impact on the execution? Did it make the job more difficult?

LK We repeatedly supported the Kunsthalle's public relations work with presentations, explanatory descriptions, facade samples, and press conferences. Our public relations effort was actually quite extensive. The goal was to make sure the building would be accepted by the citizens of Mannheim before it was built.

NG Discussions were held at several levels—with the foundation board, the city as the client, and the director of the Kunsthalle, Ulrike Lorenz, as the user. These talks were always very professional; they were very well prepared. And then there were the very emotional citizens' forums, from which we learned a lot. I think that in the future, for such important public construction projects one needs to open up more and integrate the general population more vigorously. But they have to be integrated correctly: they must be enlightened and not fed with half-knowledge.

JT How did it continue? There was a cost-cutting round, the citizens' forums, and then the construction began.

LK There was a constellation that is always a little difficult. We were not contracted for the whole range of services set out in the German Fee Structure for Architects and Engineers—HOAI.

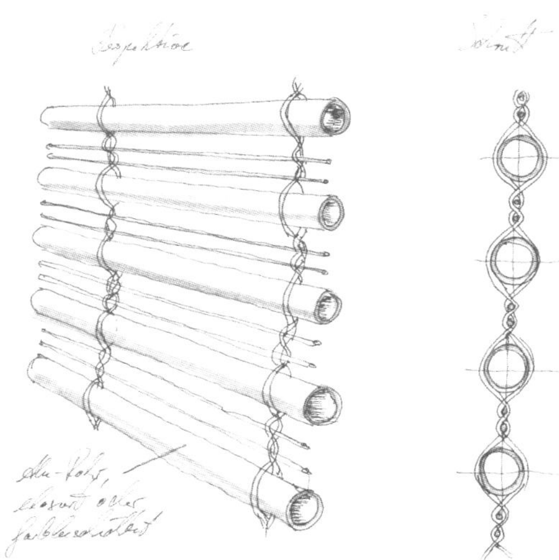

8

NG Es ist einfach schwierig, wenn der Idealismus, der während des Entwerfens vorherrscht, mit der Baurealität konfrontiert wird, die sagt: „Wir werden das hinbekommen, es wird nicht einen Euro teurer, egal was ist." Mit der Beauftragung beginnt der typische Baualltag, der einerseits von sehr kompetenten Menschen geprägt ist, und auf der anderen Seite stehen die kostenbewussten Projektsteuerer, die natürlich auch einen Ruf zu verlieren haben. Ich bin froh, dass das Haus jetzt so aussieht, wie es aussieht. Einige für uns schmerzhafte Zugeständnisse bemerkt wirklich nur ein Profi auf den zweiten Blick. Es ist eben auch ein Teil der Architektur, dass man immer einen Prototyp baut. Wir bauen immer ein maßgeschneidertes Gebäude für einen Bauherrn unter klar definierten Umständen.

JT Maßgeschneidert ist auch die Fassade der Kunsthalle, die in enger Kooperation mit dem Metallbauer eigens für den Bau entwickelt wurde. Wie hat sich das dargestellt?
NG Der Bauherr hat gleich eine Analogie hergestellt, weil die Fassade nachvollziehbar von Hand gewebt wurde [‹8] und Mannheim ja eine Handwerkstradition besitzt. Man kann genau die Drähte sehen, wie sie die Rohre halten. Überall dort, wo keine Fenster sind, wurden Rohre in das Mesh eingewoben; dort wo man rausgucken kann, sind es nur dünne Drähte. Wir haben uns sehr schnell mit dem Bauherrn auf dieses doch sehr teure Material geeinigt. Anschließend mussten wir viele Muster bemühen, bis wir den richtigen Farbton gefunden hatten.

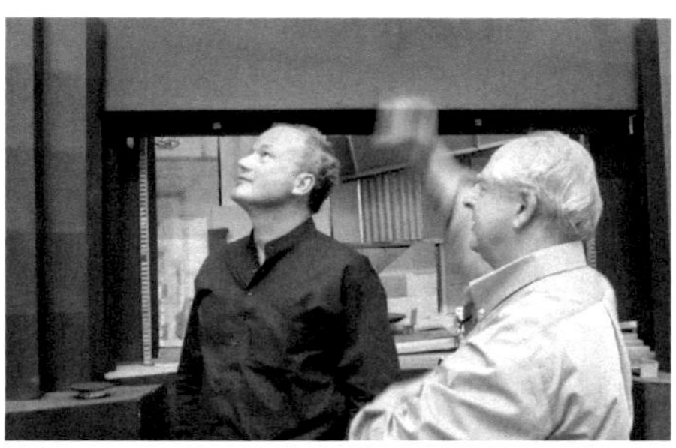

9

JT Dieses Unikat des Metallkleides in Mannheim definiert die Identität des Gebäudes. Das finde ich sehr spannend, gerade auch im Zusammenspiel mit dem Altbau. Denn obwohl der filigran gearbeitet ist, besitzt er doch eine innere Monumentalität. War die Farbfindung bei dem Mesh eine Herausforderung? Zu sehen, wie dicht bin ich jetzt an diesem Sandsteinrot dran?
VS Wir waren alle ziemlich unsicher, bis wir die richtige Farbigkeit, Transparenz und Größe der Stäbe gefunden hatten. Es gibt Dinge, die sind einem von Anfang an sonnenklar. Aber bei diesem Mesh haben wirklich alle bis zum Schluss überlegt, ob das richtig wirkt, weil es eben ein Unikat ist.
LK ... und es ist ja nicht nur das Sandsteinrot. Es gibt auch das Sandsteingelb. Der Farbton ist auf beides abgestimmt, je nachdem, wie das Licht fällt. Das Mesh kopiert nicht das eine oder andere Gebäude, aber es harmoniert sowohl mit dem gelben als auch mit dem roten Sandstein der Umgebung.

JT Sie haben eingangs die Museen genannt, die gmp in Asien realisiert hat. Inwieweit ist es bei der Entwicklung des Konzepts für Mannheim hilfreich gewesen, das gmp ein international agierendes Büro ist?
NG Bei allen Museen geht es uns darum, Öffentlichkeit räumlich-konzeptionell zu integrieren, Orte zu schaffen, an denen Menschen sich wohlfühlen und an denen sie sich gut im Raum orientieren können. Gerade in großen Museen – die Kunsthalle ist der kleine Bruder der zwei chinesischen Projekte – ist die Orientierung wichtig. Hinzu kommt, dass sich alle Ausstellungsräume der Kunst unterwerfen und nicht umgekehrt. Das ist auch bei unseren Museen in Asien der Fall. Ich mag das Guggenheim Museum in Bilbao wirklich gerne, denn dort ist das Konzept aufgegangen, einer Stadt mit einem Museumsgebäude zu neuem Leben zu verhelfen. Aber das Museum selbst ist wirklich schwer bespielbar. Es braucht eigentlich gar keine Kunst. Die Leute kommen vor allem, um sich das Haus anzugucken – damit karikiert man ein Museum.

JT Im Prinzip bietet die Kunsthalle Mannheim, wenn ich das zusammenfasse, die Synthese aus einer Auseinandersetzung mit der Stadt und einer Einbettung in die Stadt. Es ist eine Selbstbehauptung, und zugleich erfüllt die Kunsthalle eine dienende Rolle gegenüber der Kunst und bietet der Öffentlichkeit ein Forum, in dem sie sich selbst finden kann als Öffentlichkeit, aber auch im Dialog mit der Kunst und der Stadt ...
NG In diesem Zusammenhang würde ich gerne noch über das Zusammenspiel von Kunst und Architektur sprechen. William Kentridge [9+10] war von unserem Ansatz fasziniert, der auf maximale Reduzierung setzt.

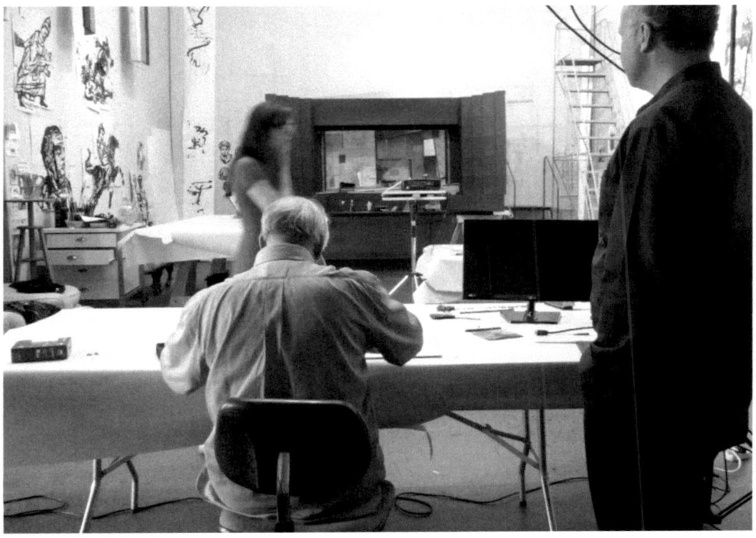

10

Instead, there was a cut after service phase 5, the execution planning that forms the basis for the construction. The subsequent service phases were taken over by a project manager, and that was very difficult for everyone, for us as well as the client. That does not have to be sugarcoated; it could have been more fluid. The management of the plan distribution and construction sequencing and the convening of the planners and construction supervisors were very sluggish.

JT It sounds like a lot of time was lost ...
LK Very much so. We were on schedule with the planning services and then lost half a year, because neither the construction board nor we were able to control that. What definitely does not make sense is to mix the project management and execution. Someone who is supposed to manage and supervise a project, who should ensure calm and continuity, should not be directly involved in the construction progress. The project manager does not declare himself behind schedule or issue warnings to himself—it's a conflict of interest.
NG It is simply difficult when the idealism that prevails during design is confronted with the reality of building, which says: "We'll manage. It will not cost one euro more, no matter what." The typical routine of construction begins as soon as the commission is made, and that routine is, on the one hand, governed by very competent people, but on the other hand it is also influenced by cost-conscious project managers, who naturally have a reputation to lose. I am glad that the building now looks the way it does. Some concessions that were painful for us are really just ones that a professional might notice at second glance. One aspect of architecture is also that you always build a prototype. We always build a custom-tailored building for a client under clearly defined circumstances.

JT The facade of the Kunsthalle, which was specially developed for the building in close cooperation with the metal contractor, is also custom-tailored. How was that?
NG The client promptly established an analogy, because the facade was evidently woven by hand [‹8] and Mannheim has a tradition of handicraft. You can explicitly see the wires, and how they hold the pipes. Wherever there are no windows, tubing has been woven into the mesh, and where you can look out there are only thin wires. We quickly came to an agreement with the client to use this very expensive material. Then we had to make many samples until we found the right color.

JT This one-of-a-kind metal cloak in Mannheim defines the identity of the building. I find that very exciting, especially in conjunction with the old building, because even though the mesh is delicately made, it nevertheless has an intrinsic monumentality. Was finding the right color for the mesh a challenge? To see how close you were to the sandstone red?
VS We were all rather uncertain until we found the right coloration, transparency, and size of the rods. There are things that are crystal clear from the outset, but with this mesh, everyone really deliberated until the end as to whether it had the right effect, precisely because it is one of a kind.
LK ... and it is not just the sandstone red. There is also a sandstone yellow. The color is coordinated to fit with both, depending on how the light falls. The mesh does not copy one building or another, but it harmonizes with both the yellow and the red sandstone of the surroundings.

Er wollte das Museum in seiner puristischsten, rohesten Form, um dort seine Videoinstallation *The Refusal of Time* zu zeigen. Als ich mit ihm sprach, bat er: „Bitte macht mir keinen Putz an die Wände und keine abgehängte Decke und lasst mir den Boden so grob, wie es nur geht. Ich will gar nichts. Und wenn da oben eine Leitung hängt oder ein Lüftungsrohr, ist mir das egal. Lasst alles, wie es ist.“

Beim Richtfest war noch alles in Beton und kein Putz an der Wand. Die Leute waren alle begeistert, selbst von den Ästheten kam die Frage, ob man nicht alles so lassen könne. Das hätten wir gerne, nur hätte man dann auf Klimatechnik und Akustik verzichten müssen.

Und James Turrell [12] hat sich sehr mit den beiden Architekturen, dem Alt- und dem Neubau, auseinandergesetzt und für den Athene-Trakt, die Verbindung zwischen Alt und Neu, eine entmaterialisierende Lichtinszenierung entworfen. [11] Das bedeutet, wenn man von Neu nach Alt geht, erkennt man künftig nicht mehr, wo der Boden ist, wo die Decke, wo die Wand. Man kommt in einen blau-roten Raum, in dem man alles Materielle vergisst. Man läuft durch einen 50 Meter langen Gang, und dann geht die Tür auf, und man betritt das alte Museum.

Ich finde es sehr passend, dass Turrell diesen „Time Tunnel“ vom Anfang des 20. Jahrhunderts in die Gegenwart legt, dass er den Übergang zwischen Alt und Neu mit seiner Kunst inszeniert.

Die Künstler, mit denen wir gesprochen haben, fanden die Idee eines Museums, das wie eine Stadt in der Stadt konzipiert ist, sehr gut. Das gibt uns die Hoffnung, dass die Kunsthalle Mannheim mit unserem neuen Museum wieder dort anknüpfen kann, wo sie als zentraler Ort der Moderne in Deutschland unter den Direktoren Fritz Wichert und Gustav Friedrich Hartlaub bereits in den 1920er-Jahren stand.

JT In Mannheim hatte Hartlaub den Begriff der Neuen Sachlichkeit geprägt. Eine schöne Referenz für Ihr Haus, das ja in seiner Haltung die Moderne und die Neue Sachlichkeit fortschreibt.

NG Für mich ist ein Museum ja auch eine Art Safe zum Behüten der Kultur. Kultur ist Bildung, und ein Museum muss seine Kunstwerke hüten, sodass unsere Kinder und Enkel diese Kultur wahrnehmen und sich daran bilden können. Wir bauen nicht nur eine Ikone oder ein schönes städtebauliches Ensemble oder einen Wohlfühlort für die Besucher oder Künstler. Wir schaffen einen Raum, in dem die Kunst geschützt ist, sicher bewahrt für die Zukunft und in dem sie zugleich jederzeit zugänglich ist.

11

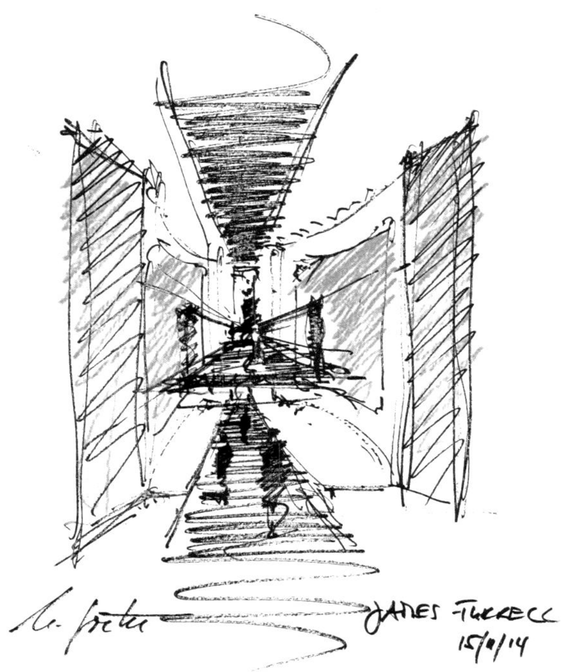

JT At the beginning you mentioned the big museums that gmp has built in Asia. To what extent was it helpful for developing the concept for Mannheim that gmp is an office with an international focus?

NG For all museums, we seek to integrate the public both spatially and conceptually, and to create places where people feel comfortable and where they can easily orient themselves in the space. Especially in big museums—the Kunsthalle is the little brother of the two Chinese projects—orientation is important. In addition, all the exhibition spaces are subordinate to the art and not vice versa. That's also the case with our museums in Asia. I really like the Guggenheim Museum in Bilbao, because the concept of revitalizing a city with a museum building succeeded there. But the museum itself is very difficult to use. It actually doesn't even need any art. People come mostly to look at the building—and that turns the museum into a caricature.

JT To summarize, Kunsthalle Mannheim basically offers a synthesis: engagement with the city combined with integration in the city. It is a self-assertion, and at the same time, the Kunsthalle fulfills a role as servant with respect to art and offers the general public a forum where it can find itself—as a public, but also in dialogue with art and the city ...

NG In that regard, I would like to talk about the interplay between art and architecture. Will Kentridge [‹9+10] was fascinated by our approach, which focuses on maximum simplification. He wanted the museum in its purest, rawest form, as a venue for showing his video installation *The Refusal of Time*. When I spoke with him, he said, "Please do not give me plaster on the walls or a suspended ceiling and leave the floor as rough as it can be. I want nothing at all. And if there happens to be a conduit hanging up there, or a ventilation pipe, I don't care. Leave everything as it is."

At the topping-out ceremony, everything was still exposed concrete and the walls had no plaster. Everyone loved it, and even the aesthetes asked if it were possible to leave everything the way it was. We would have liked that, but then it would have been necessary to suffice without air conditioning and acoustics.

And James Turrell [12], who has engaged extensively with the two architectures of the old and new buildings, has designed a dematerializing lighting scenario for the Athena wing, the connection between old and new. [11] This means that in the future, when you go from new to old you will no longer recognize where the floor is, where the ceiling is, or where the wall is. You enter a blue-red space where everything material is forgotten. You walk through a 50-meter-long passage and then the door opens and you enter the old museum.

I find it very fitting that Turrell sets up this "time tunnel" from the beginning of the 20th century into the present—that he stages the transition between old and new with his art.

The artists we spoke to really liked the idea of a museum designed like a city within the city. This gives us hope that our new museum will enable the Kunsthalle Mannheim to pick up again where it once stood, as a central site of modernism in Germany, under the direction of Fritz Wichert and Gustav Friedrich Hartlaub in the 1920s.

JT In Mannheim, Hartlaub coined the term "Neue Sachlichkeit" (New Objectivity). It's a nice reference for your building, which exudes an updated attitude of modernism and New Objectivity.

NG For me, a museum is also a kind of safe for protecting culture. Culture is education, and a museum must guard its artworks so that our children and grandchildren can embrace and learn from that culture. We are not only building an icon or a beautiful urban ensemble or a feel-good place for the visitors or artists. We are creating a space where art is protected, safely preserved for the future and yet accessible at all times.

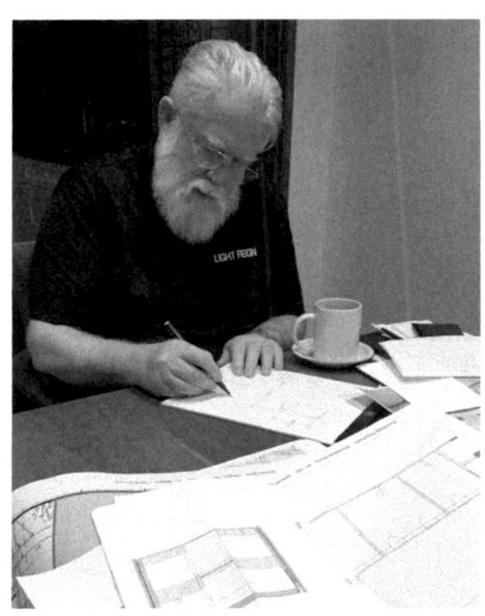

12

Fünf Thesen zum Kunstmuseum der Zukunft

Herausgegeben anlässlich der Eröffnung der neuen Kunsthalle Mannheim am 1. Juni 2018

Ulrike Lorenz

1 Das Kunstmuseum der Zukunft liegt mitten in der Gesellschaft. Es bietet sich verständlich und überzeugend als ein sozialer Frei-Raum an. Ihn gestalten Kuratoren, Künstler und Publikum gemeinsam.

› Statt nur Kunstwerke zu konservieren, begreift sich das lebendige Kunstmuseum als einen Ort, an dem das Publikum selbst zum Schöpfer wird. Damit beruht seine Qualität nicht mehr allein auf Sammlungen oder Ausstellungen, sondern liegt in der Art, wie es eine kritikfähige Öffentlichkeit herstellt. Ein Umdenken im Selbstverständnis ist notwendig: Es geht um die Abgabe von Kontrolle und die Relativierung des Definitionsmonopols. Die neue Kunsthalle Mannheim ist eine „Stadt in der Stadt" – Zeichen einer geglückten Symbiose. Wir integrieren uns in die Vielfalt städtischer Aktivitäten. Schwellenängste gibt es hier nicht mehr. Wir sind kein Tempel der Kunst, kein Archiv des Wissens. Wir hängen Kunstwerke nicht mehr für die Ewigkeit und im „Gänsemarsch der Stile", sondern bieten in unseren Kuben unkonventionelle Konstellationen an, die persönliche Interpretationen und divergente Sichtweisen herausfordern. Bei uns ist Austausch und auch Streit möglich. Wir verbinden Kunstwerke mit dem Anliegen, uns beim Leben zu helfen.

2 Das Museum ergreift die Chancen des digitalen Zeitalters, um sich und der Kunst neue Wirkungsräume zu eröffnen.

› Die innovative digitale Strategie der Kunsthalle Mannheim transzendiert das traditionelle Mentoren- und Aufgabenverständnis des Museums. Reale und virtuelle Museumssphären durchdringen und ergänzen sich wechselseitig. Neben den magischen Erlebnisort tritt die Kunsthalle 4.0. Damit eröffnen wir völlig neue Kommunikationskanäle und Möglichkeiten, selbst kreativ zu werden. *Collection Wall*, Kunsthallen-App und interaktiver Grafiktisch sind aufeinander abgestimmt und bieten spielerische und forschende Vertiefungsebenen an. Neben akademisches Wissen treten individuelle und nicht rationale Zugangsweisen und Deutungen. Wenn sich die historisch informierte Rede mit persönlichen Empfindungswelten verbindet, kann Geschichte in die Wirklichkeit der Gegenwart eindringen.

3 Das Kunstmuseum reflektiert seine Geschichte, Praktiken und Stereotypisierungen und macht sie dem Besucher kenntlich.

› Die Kunsthalle Mannheim wagt es, sich auf dem Fundament ihrer über hundertjährigen Geschichte neu zu erfinden. Das Offenlegen der Konstruiertheit und Historizität von Wissen und Wissenschaft bestimmt unser Selbstverständnis als reflexives, selbstkritisches Museum. Im Zentrum steht die Frage: Wie entsteht das ausgestellte Objekt durch das betrachtende Subjekt?

4 Im Kunstmuseum erwachen die Werke zu neuem Leben und entfalten ihr volles Befremdungs- und Fremdheitspotenzial.

› Der kulturelle Paradigmenwechsel, ausgelöst durch die Globalisierung und den Wandel urbaner Lebenswelten, verschiebt die Museumsfunktion von der Identitätsstiftung zur Fremdheitsvermittlung. Die Kunsthalle Mannheim versteht sich auch als Schutzzone für die Andersartigkeit und Unvereinbarkeit von Kunst. Die Erweiterung des Kunstbegriffs seit den 1960er-Jahren wird uns zum Ausgangspunkt der eigenen Öffnung. Probehandlungen beim Zurechtfinden im Fremden werden zur Kernkompetenz. In der Hinwendung zum Publikum verstehen wir uns als Vermittlungsstruktur und sind mehr als ein Raum der Repräsentation.

5 Das Kunstmuseum versteht sich politisch. Es greift aktiv in die Gesellschaft ein und übernimmt Verantwortung für die Zukunft der Demokratie.

› Die Kunsthalle Mannheim geht über das reine Ausstellen und über die Wände der Institution hinaus. Sie begreift sich als Teil der Entwicklung der Gesellschaft. Neben den Ausstellungen stellt unser „Programm Plus" mit verschiedenen Debatten- und Konversationsformaten gesellschaftspolitisch brisante und auch ganz persönliche Fragen in den Mittelpunkt. Kunst wird Anlass zur Kommunikation. Das gesamte Team der Kunsthalle tritt mit einem gewandelten Selbstverständnis die Reise in die Zukunft an. Das ist ein beglückendes Gefühl.

Five Theses on the Art Museum of the Future

Originally published on the occasion of the inauguration of the new Kunsthalle Mannheim on June 1, 2018

Ulrike Lorenz

1 **The art museum of the future lies at the heart of society. It offers itself understandably and compellingly as a locus of social freedom. It is designed collectively by curators, artists, and the public.**

Instead of just conserving works of art, the living art museum sees itself as a place where members of the public themselves become creators. This means that its quality is no longer based solely on collections or exhibitions, but lies in the way in which it gives rise to a public that is open to critical thought. A rethinking of its self-understanding is necessary: it is essential to surrender control and relativize the monopoly on definition. The new Kunsthalle Mannheim is a "city within the city"– a sign of a successful symbiosis. We integrate ourselves into the diversity of urban activities. Here there are no more fears of the unknown. We are not a temple of art, not an archive of knowledge. We no longer hang works of art for all eternity and in a "parade of styles," but instead offer unconventional constellations in our cubes that call for personal interpretations and divergent perspectives. Here with us, exchange and even disagreement are possible. We associate works of art with the desire to help with our lives.

2 **The museum seizes the opportunities of the digital age in order to open up new spheres of influence for itself and for art.**

The innovative digital strategy of Kunsthalle Mannheim transcends the museum's traditional understanding of mentoring and its mission. Real and virtual museum spheres interpenetrate and complement each other. Alongside the place of magical experience we now have the Kunsthalle 4.0. With it, we are opening up completely new communication channels and opportunities for everyone to become creative. The Collection Wall, Kunsthalle app, and interactive graphics table are all coordinated, offering playful and exploratory levels of immersion. Individual approaches and emotional interpretations take place alongside academic research. When the historically informed discourse is combined with personal worlds of perception, history can penetrate the reality of the present.

3 **The art museum reflects its history, practices, and stereotyping, and makes these discernible to the visitor.**

Kunsthalle Mannheim dares to reinvent itself upon the foundation of its more than one hundred years of history. Bringing to light the contrived nature and historicity of knowledge and scholarship dominates our self-understanding as a reflexive, self-critical museum. At the core is the question: how does the exhibited object come into being via the observing subject?

4 **In the art museum, the works awake to new life and develop their full potential for dealing with alienation and foreignness.**

The cultural paradigm shift, triggered by globalization and the transformation of urban living environments, changes the function of a museum from conveying a sense of identity to fostering understanding amid foreignness. Kunsthalle Mannheim also sees itself as a protective zone for the otherness and irreconcilability of art. The concept of art has expanded since the 1960s and now becomes the starting point for our opening up. Trial actions in orienting oneself within a strange situation become the core competence. By turning toward the public, we see ourselves as an educational structure; and we are more than merely a space of representation.

5 **The art museum sees itself as political. It actively intervenes in society and assumes responsibility for the future of democracy.**

Kunsthalle Mannheim goes beyond pure exhibition and beyond the walls of the institution. It sees itself as part of society's development. Apart from the exhibitions, our "Plus program" makes use of various forms of debate and conversation to focus on questions that range from the socio-politically controversial to the very personal. Art becomes an opportunity for communication. The entire team of the Kunsthalle begins this journey into the future with a new self-understanding. That is an exhilarating feeling.

Takt und Textur

Die neue Kunsthalle Mannheim webt sich in die Stadt

Ein Essay von Jürgen Tietz

I ——— Wozu heute noch Museen? Wille und WLAN vorausgesetzt, kann ich mir mit zwei Klicks jedes Gemälde auf den Bildschirm meines digitalen Endgeräts zaubern, auch das bekannteste Bild aus der Sammlung der Kunsthalle Mannheim, *Die Erschießung Kaiser Maximilians von Mexiko* [1] von Édouard Manet. Dabei ist es völlig egal, ob ich gerade in Santiago de Querétaro bin, wo der arme Max 1867 füsiliert wurde, in Schloss Schönbrunn, wo er 1832 zur Welt kam, in Paris, wo Manet lebte (der übrigens im selben Jahr wie Max geboren wurde) oder in Mannheim, wo das Bild heute im Neubau der Kunsthalle hängt. Und natürlich kann ich mir auch sämtliche Zusatzinformationen über das Gemälde aus dem Netz ziehen, von Angaben zu Material und Abmessungen (Öl auf Leinwand, 252 × 305 cm) bis zur Bildinterpretation.

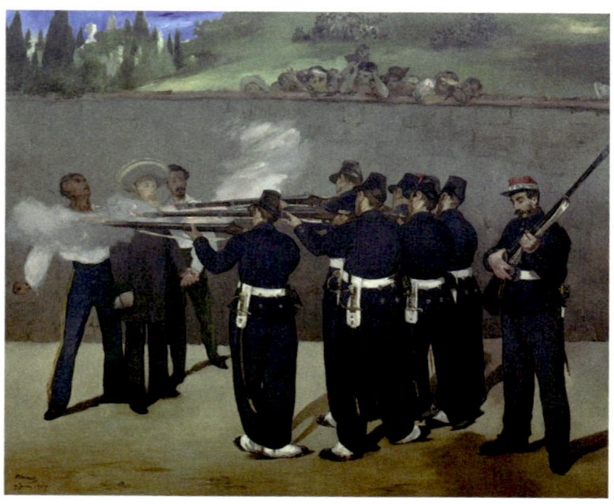

1

In einer Schlüsselszene des wunderbaren Films *Atlantic City, USA* bringt der französische Regisseur Louis Malles 1980 das Dilemma eines solchen Informationstransfers auf den Punkt. Dort forderte die junge Sally (Susan Sarandon) den alternden Ganoven Lou (Burt Lancaster) auf, sie „Dinge zu lehren". In lässig lapidarer Art antwortet Lou: „Was wollen Sie – Weisheit oder Information?"

Wikipedia und Sammlungskataloge liefern Informationen. Das ist nett und häufig hilfreich. Aber es führt nicht an den Kern der Dinge, nicht an den Kern der Kunst. Kunstwerke sind schließlich keine Vokabeln, die es auswendig zu lernen gilt, selbst wenn man angesichts der Megashows des globalen Kunstbetriebs gelegentlich diesen Eindruck gewinnen kann: Manet hier, Modigliani da. Angeschaut und abgehakt.

Jedes Kunstwerk besitzt einen Kontext des Entstehens, der Rezeption und der Präsentation. Darin erweist es sich als Objekt einer permanenten Eroberung durch seine Betrachter. Um diesen Prozess der Eroberung und Aneignung, der stillen Zwiesprache wie der wortreichen Vermittlung zu ermöglichen, braucht Kunst öffentliche Orte der Wahrnehmung. Diese Räume physisch wie emotional zu schaffen, ist die Aufgabe eines guten Museums.

Museen sind keine Verwahranstalten der Kunst. Sie sind Möglichkeitsräume der Kunsterfahrung. Zugleich sollten sie keine hermetischen Räume im Irgendwo darstellen. Im Idealfall sind sie an konkrete Orte und Städte gebunden, mit denen sie architektonisch eine Wechselwirkung entfalten. Insofern bilden Museen eine architektonische Quadratur des Kreises. Sie müssen der präsentierten Kunst eine Hülle bieten, um sie klimatisch und faktisch zu schützen. Zugleich müssen sie der Kunst den nötigen Raum geben, um zu wirken, sie zu erfahren und zu erklären. Sie müssen öffentlich zugänglich sein und mit ihren Besuchern und der Stadt interagieren.

II ——— Als in London im Jahr 1753 mit dem British Museum [2] das erste öffentliche Museum entstand, war das kubisch strenge Gitterwerk des Mannheimer Stadtgrundrisses rund 150 Jahre alt. Seitdem haben sich die Museen weltweit als Orte des Staunens und der Begeisterung weiterentwickelt. Hervorgegangen aus den Wunderkammern und Kuriositätenkabinetten der Herrscherhäuser, gelten sie seit über einem Jahrhundert als eine der zentralen Bauaufgaben für Architekten. Wie mit Broschen an einer Robe schmücken sich Städte, Staaten und Potentaten mit ihren Museen. Das hat dazu geführt, dass sich manche Museen aus ihrer dienenden Rolle für Kunst und Stadt und Öffentlichkeit schleichen. Lautstark preisen sie sich selbst, ihre Stifter und ihre Entwerfer. Ein Glücksfall ist ein Museum aber immer dann, wenn es gleichzeitig als architektonisches Statement in einer Stadt funktioniert und als behutsame Hülle für die Kunstwerke, als Schauobjekt für die Touristen wie für die Stadtgesellschaft, indem es seinen Besuchern neue Räume der Erfahrung ermöglicht. Beim Neubau der Kunsthalle Mannheim, den die Architekten von Gerkan, Marg und Partner entworfen haben, ist dieses Kunststück gelungen. Es ist der erste Museumsneubau,

Rhythm and Texture

Mannheim's New Kunsthalle Weaves Itself into the City's Fabric

An Essay by Jürgen Tietz

I ——— Are museums still needed today? Given the resolve and access to Wi-Fi, I need just two clicks to conjure up any painting I want on my digital device, even the most famous painting in the Kunsthalle Mannheim collection: *Death of Maximilian at Querétaro* [1] by Édouard Manet. It doesn't matter at all whether I am in Santiago de Querétaro, where poor Max was executed by a firing squad in 1867; in Schönbrunn Palace, where he was born in 1832; in Paris, where Manet (who was born the same year as Max) lived; or in Mannheim, where the painting now hangs in the Kunsthalle's new building. And, of course, I can also get all kinds of additional information about the painting on the Web, from details about its materials and dimensions (oil on canvas, 252 × 305 cm) to interpretations of the painting.

In a key scene in the wonderful 1980 film *Atlantic City*, French director Louis Malle captures the dilemma that such a transfer of information entails: in the scene, young Sally (Susan Sarandon) says to Lou (Burt Lancaster), an aging crook, "Teach me stuff." Lou replies tersely but casually, "You want information or wisdom?"

Wikipedia and the catalogues of art collections provide information. That is nice and often useful. But it doesn't take you to the heart of the matter, to the core of the art. After all, works of art are not vocabulary words to be memorized, even if you might occasionally get that impression when confronted with the mega-shows organized by the global art business: Manet here, Modigliani there. Seen it, done it.

Every work of art has a context formed by its creation, reception, and presentation. Within that context, it is an object that is permanently being conquered by the people looking at it. To enable this process of conquest and appropriation, of silent dialogue and verbose communication, art requires public spaces of perception and appreciation. Creating these spaces, both physically and emotionally, is the task of a good museum.

Museums are not just depositories for art. They are spaces that offer us opportunities to experience art. At the same time, they should not constitute hermetic rooms somewhere out there. Ideally, they should be bound to specific places and cities where their architecture sparks interaction. In this respect, museums architecturally square the circle. They must provide an enclosure that protects the art on display both climatically and otherwise. At the same time, they must give the art sufficient space to have an impact, to be experienced and explained. They must be publicly accessible and must interact with their visitors and the city itself.

II ——— When the British Museum [2] opened its doors in London in 1753 as the first public museum, the rigorously square grid of Mannheim's urban layout was around 150 years old. Since then, museums worldwide have evolved to become places of astonishment and excitement. Originating in the chambers of wonders and curiosity cabinets of dynastic houses, museums have been seen for more than a century as one of the central undertakings for architects. Cities, states, and potentates adorn themselves with their museums like brooches on

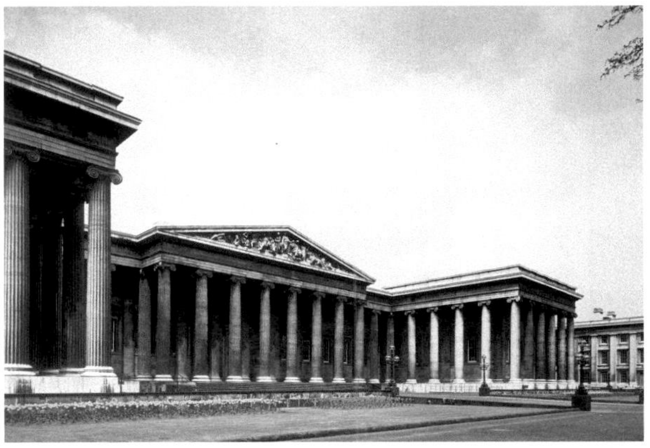

2

a fine robe. This has prompted some museums to slip out of their role of serving art, the city, and the public, instead loudly celebrating themselves, their funders, and their designers. However, it is always a windfall when a museum simultaneously works as an architectural statement in a city and as a carefully protective enclosure for the artworks it houses – as an object of interest for tourists and the people of the city, offering new spaces of experience to those who visit it. This feat has certainly been achieved by the new building for Kunsthalle Mannheim, which was designed by the architects von Gerkan, Marg and Partners. It is the architectural firm's very first new museum building in Germany, which is astounding in view of the impressive work that has been completed by the

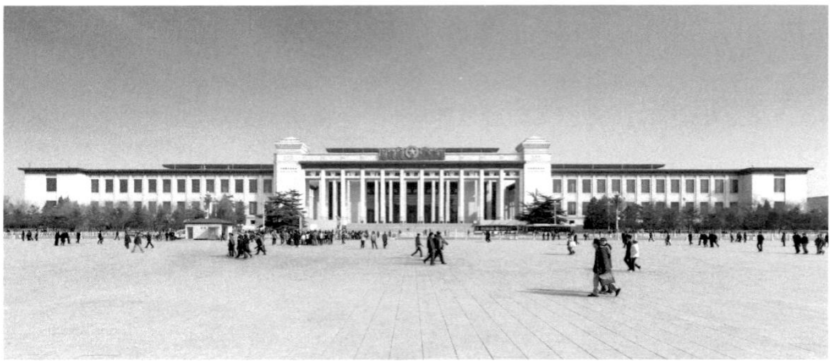

3

den das Architekturbüro in Deutschland verwirklichen konnte. Das erstaunt, angesichts des eindrucksvollen Werkes, das die Hamburger in den letzten fünfzig Jahren geschaffen haben. Es überrascht aber auch, weil sie mit ihren Ausstellungsbauten in China bereits viel Erfahrung sammeln konnten, bis hin zum Chinesischen Nationalmuseum in Peking [3] am Platz des Himmlischen Friedens und dem Maritim Museum in Lingang bei Shanghai [4].

Wer sich der Erweiterung der Mannheimer Kunsthalle aufmerksam nähert, der wird mehrere Referenzpunkte finden, zu denen die Architektur eine Position formuliert. Da ist zunächst der unmittelbare Nachbar des Neubaus, der Ursprungsbau der Kunsthalle. [5] Entworfen von dem Architekten und Hochschullehrer Hermann Billing, ist es eine über hundert Jahre alte Ikone des Jugendstils, deren zarte Gestalt bei genauerer Betrachtung eine verblüffende Monumentalität verströmt. Hier prägte Gustav Friedrich Hartlaub mit seiner Ausstellung *Neue Sachlichkeit* 1925 [6] einen kunstwissenschaftlichen Epochenbegriff. Vom Friedrichsplatz zurückgezogen, steht der Altbau der Kunsthalle trotz dieser museums- und architekturgeschichtlichen Bedeutung lediglich in der zweiten Reihe. Ursprünglich sollte ihr das Reiss-Museum zum Platz vorgelagert werden. Doch dazu ist es nie gekommen. Das eröffnete für gmp zwar einerseits die Möglichkeit, den Neubau an der vordersten Platzfront einzufügen, neben seinen so sandsteinschweren wie würdevollen Nachbarn. Anderseits ist der öffentliche Vorplatz des Museums durch die vorgegebene Kubatur eher beschränkt, mit dem es in den Stadtraum hineinwirken kann. Dieses Manko wird durch die Fassade der Kunsthalle ausgeglichen. Zumal am Abend öffnet sie sich lockend und leuchtend zur Stadt. Möglich wird das, indem die Architekten darauf verzichteten, mit schweren Sandsteinplatten dem Altbau Billings nachzuspüren, den Genius Loci zu imitieren. Stattdessen wird die Kunsthalle von einem filigranen Metallgewand aus bronzierten Stahlstäben umhüllt. Wer sich mit Architektur befasst und „bekleidet" und „Gewand" schreibt, der kann kaum anders, als an Gottfried Semper zu denken und sein „Prinzip der Bekleidung". Und wer die grafische Qualität dieses Metallgewandes wahrnimmt, das eine abstrakte Gegenposition zum figürlichen Schmuck an Billings Bau formuliert, der wird an Adolf Loos' Verdikt des Ornaments denken. So blinzelt einem beim Blick auf Alt- und Neubau verschmitzt die Baugeschichte entgegen, wenn man sich am rötlichen Schimmer des bronzierten Metalls freut, der es mit dem heimischen Sandstein aufnimmt, Kontrast und Korrelation gleichermaßen.

In einem Abstand von 1,10 Meter vor der zweiten Fassadenhaut aus dunklen Faserzementplatten montiert, hat dieses Mesh [7›] seine eigene Taktung aus kräftigeren waagrechten und zarteren senkrechten Stäben sowie aus Auslassungen vor den Fensterflächen. Schaut man aber übers Eck auf die gut 3 Meter breiten (und jeweils 20 Meter langen) Mesh-Bahnen, dann entstehen Überschneidungen, formen sich Muster, die wie in Bewegung erscheinen. Sie lassen ein Flirren entstehen, das in einen Dialog mit den bewegten Schatten tritt, die das Mesh auf die Faserzementplatten wirft. So erhält die Fassade trotz ihres vermeintlich technischen Materials eine Tiefe und Lebendigkeit, die aus dem Naturstein erst mühsam handwerklich herausgeschält werden musste. Wenn dann auch noch ein kurzer Regenschauer über die Kunsthalle zieht, dann funkeln die Regentropfen, die sich im Mesh verfangen, wie Kronjuwelen im Sonnenlicht.

In der Dämmerung zeichnet die Kunsthalle ihre innere Verfasstheit am deutlichsten in die Stadt hinein. Dann wird die Fassade selbst zum leuchtenden Objekt, wenn sie mit illuminierten horizontalen und vertikalen Fensterbändern, die zwischen den ungleichmäßig verteilten geschlossenen Wandflächen verlaufen, Einblicke in das Haus eröffnet. Vertrautes Licht, einladende Geste, lockende Kunst und architektonisches Zitat der Moderne in einem.

III ——— Der Blick auf die Grundrisse lehrt, dass der Altbau Billings ohne Schwierigkeiten drei Mal in die Erweiterung von gmp passen würde. Daran lässt sich auch ablesen, wie grundlegend sich das Phänomen Museum in den vergangenen hundert Jahren verändert hat. Nicht nur, dass es immer mehr Ausstellungsstücke zu zeigen gibt (die je moderner desto größer zu werden scheinen).

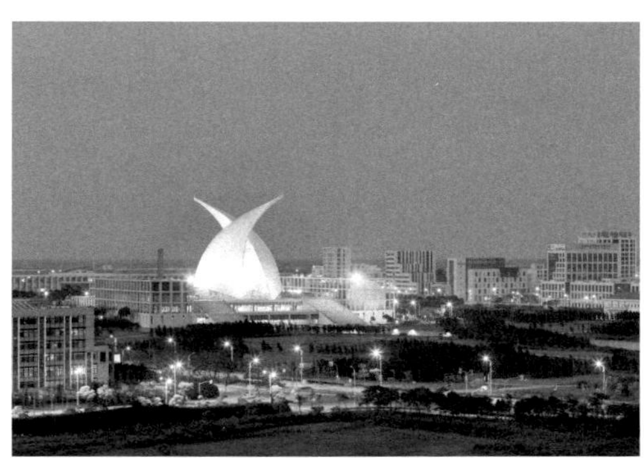

4

Hamburg firm in the past fifty years. It is also surprising, however, because they have already gained a great deal of experience with their exhibition buildings in China, which include the National Museum of China at Tiananmen Square [3] in Beijing and the Maritime Museum in Lingang near Shanghai [4].

Anyone who attentively nears the Kunsthalle Mannheim extension finds several points of reference to which the architecture expresses a position. First of all, there is the new building's immediate neighbor, the original Kunsthalle building. [5] Designed by architect and college professor Hermann Billing, it is an icon of Jugendstil that is more than one hundred years old, whose delicate form emanates an astounding monumentality upon closer inspection. It was here in 1925 that Gustav Friedrich Hartlaub coined an epochal term for art history with his *Neue Sachlichkeit* (New Objectivity) exhibition. [6]

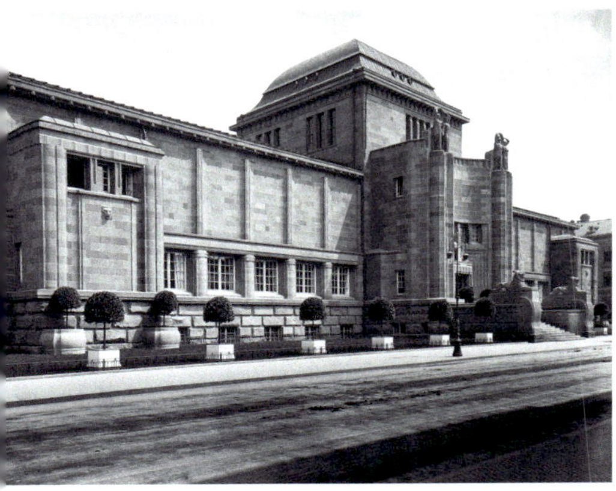

5

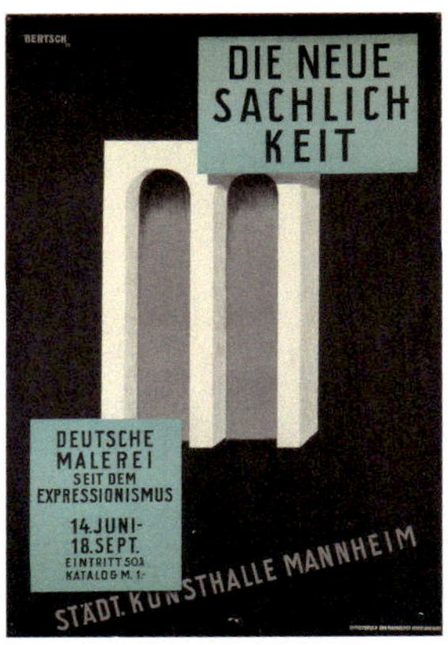

6

Set back from Friedrichsplatz, the old Kunsthalle building is relegated to the second row despite its importance in museum and architectural history. Originally, the Reiss Museum was supposed to occupy the site in front, on the square, but that never transpired. On the one hand, this gave gmp the opportunity to insert the new building at the very front edge of the square, next to its dignified neighbors of weighty sandstone. On the other hand, the given massing restricts the public forecourt of the museum somewhat in terms of how it can interact with the urban space. This shortcoming is compensated for by the facade of the Kunsthalle. This is especially so in the evening, when it invitingly and radiantly opens itself to the city. This was made possible by the architects' decision to not imitate the *genius loci* and to refrain from the use of heavy sandstone slabs like the ones in Billing's original building. Instead, the Kunsthalle is draped with a filigree metal 'garment' made of bronzed steel rods. Anyone who deals with architecture and writes words like 'dressed' or 'garment' can hardly avoid thinking about Gottfried Semper and his "Principle of Dressing." And whoever discerns the graphic quality of this metal garment, which formulates an abstract counterposition to the figurative decoration on Billing's edifice, must think of Adolf Loos's verdict on ornament. Thus, when looking at the old and new buildings, architectural history mischievously winks at you as you take joy in the reddish gleam of the bronzed metal, which holds its own against the local sandstone, in both contrast and correlation in equal measure.

Installed 1.10 meter in front of the second facade skin, which is made of dark fiber-cement panels, this mesh [7›] has its own rhythm that derives from heftier horizontal and finer vertical rods and from the apertures in front of the window areas. But when you stand at a corner and look at the mesh bands, which are a good 3 meters wide (and each 20 meters long), you will see overlaps emerge, forming patterns that appear to be in motion. This results in a shimmering that enters into a dialogue with the moving shadows cast onto the fiber-cement panels by the mesh. So, despite the supposedly technical nature of its material, the facade is given depth and vitality that would have required laborious craftsmanship to carve from the natural stone. And when a short rain shower draws across the sky above the Kunsthalle, then the raindrops that are captured in the mesh sparkle like crown jewels in the sunlight.

At twilight, the Kunsthalle most clearly projects its inner constitution out into the city. That is when the facade itself transforms into a shining object, when the illuminated horizontal and vertical window bands that run between the irregularly distributed closed wall surfaces open up, offering views into the building's interior. Here we have familiar light, inviting gestures, enticing art, and an architectural quotation of modernism, all in one.

III ———— A glance at the floor plans shows that Billing's original building could easily fit within gmp's extension three times over. The plans also show us how fundamentally the phenomenon of museum has changed in the past one hundred years. Not only in the fact that there are increasingly more exhibits to be shown (and the more modern they are, the bigger they seem to become).

Furthermore, no museum today can get by without a shop, a café, and spaces for the museum's educational work. Security systems and air-conditioning to meet the

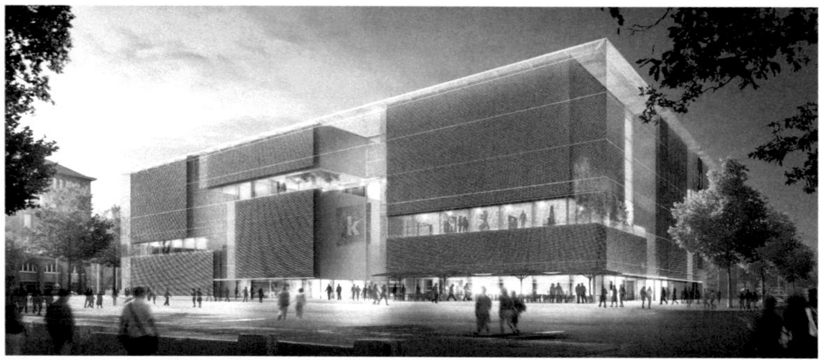

7

Zudem kommt heute kein Museum mehr ohne Shop und Café und Räume für die Museumspädagogik aus. Sicherheits- und Klimatechnik für den internationalen Leihverkehr fordern ebenso ihren Platz wie die Anlieferung für die Kunst, die Verwaltung und die Restaurierungswerkstätten. Nicht zu vergessen die Depots, die sich beim Neubau anstelle eines alten Weltkriegsbunkers in die Tiefe graben.

Doch trotz dieser mächtigen Dimensionen und der prominenteren Lage am Friedrichsplatz [8] übertrumpft der Neubau den Altbau nicht. Stattdessen tritt er in Form und Material in einen Dialog mit ihm, ohne sich anzubiedern. Artig belässt er dabei der Kuppel über dem Mittelrisalit des Altbaus die Wirkung des höchsten Punktes und hält Distanz, die nur durch eine denkmalgeschützte Passage [9] (für die James Turrell eine Lichtinstallation entworfen hat) überirdisch überwunden wird.

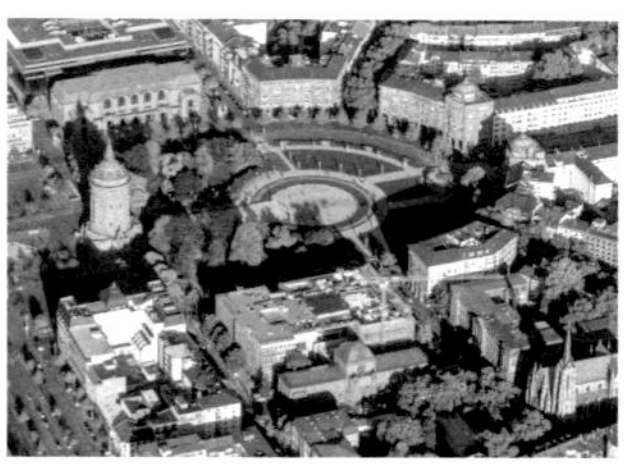

8

Wer den flirrenden Fassadenvorhang hinter sich lässt und vom Friedrichsplatz aus den Neubau betritt, der wird himmelhoch von Licht umflutet. Das Versprechen der Offenheit wird bereits vom Atrium eingelöst, über dem ein gläsernes Dach liegt. Das also ist der Himmel über Mannheim, dessen Helligkeit von den weißen Wänden des Museums reflektiert wird: eine freundliche Geste des Empfangs und der Übersichtlichkeit. Einfach großartig und ein bisschen überwältigend in seiner lichten Weite, treppauf eine Galerie entlang gelaufen und die hohe Halle auf einer Brücke gekreuzt. Auf der einen Seite wandert der Blick in die Stadt und auf der anderen zum roten Billing-Bau. Nichts schottet sich hier ab, sondern alles lädt im Gegenteil ein und damit den Raum mit Atmosphäre auf, ohne dass eine lärmende architektonische Formensprache für Verwirrung sorgen würde. Man fühlt sich jederzeit verortet, im Haus wie in der Stadt.

Dazu tragen die Blickbeziehungen bei, die die Architekten quer durch die Lichthalle des Foyers ermöglichen, sowie die großflächig verglasten Ausblicke auf die Stadt, und auch von der Dachterrasse. Dazwischen sind die dreizehn unterschiedlich groß bemessenen Ausstellungskuben verteilt, die teils autonom funktionieren, teils auch miteinander koppelbar sind, alle von schlichter weißer Klarheit in ihrer Wirkung. Verbunden werden sie durch Galerien, Passagen und Brücken. Und während man so durch die Architektur schreitet, erschließt sich die Idee einer Stadt in der Stadt wie von selbst, die dem Entwurfskonzept zugrunde liegt. Inspiriert durch die Quaderkomposition der barocken Planstadt Mannheim [10+11], fügen sich die Ausstellungskompartimente der Kunsthalle und ihre Verbindungswege zu einer spannungsvollen räumlichen Einheit zusammen. So entsteht ein Ort für die künstlerische Avantgarde, von sockelfreier Niederschwelligkeit im Zugang und mit einer einladenden öffentlichen Agora als Herzstück, über deren Glasdach sich der weite Himmel wölbt. Wer erfahren will, wozu es heute noch Museen braucht und welche Gestalt sie besitzen sollten, der kann es in der Kunsthalle Mannheim erleben, mit der ein Ort für Information wie für Weisheit entstanden ist, für die Kunst wie für die kunstvolle Architekturkomposition.

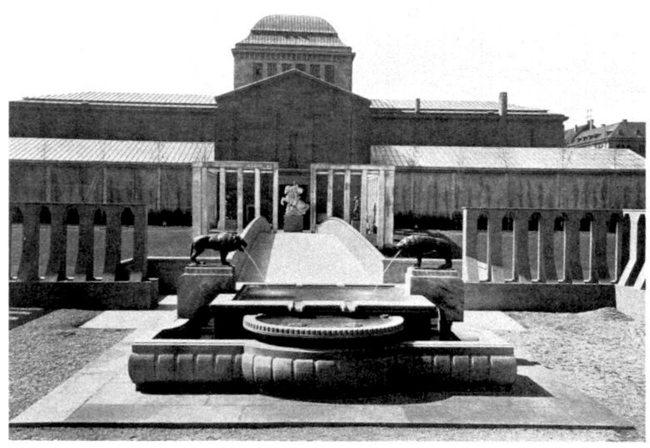

9

demands of international lenders also need space, as do the area for incoming deliveries of art, the administration offices, and the restoration workshops. And let us not forget the depots, which are now burrowed into the ground where there was once an old World War II bunker.

Yet, despite the powerful dimensions and its prominent position on Friedrichsplatz [8], the new building does not eclipse the old one. Instead, it enters into a dialogue with it in form and material, without pandering to it. It courteously allows the dome above the central avant-corps of the old building to maintain its impact as the highest point and keeps a respectful distance that is overcome above ground only by a landmark-protected passage [9] (for which James Turrell has designed a light installation).

When you leave the shimmering curtain of the facade behind you and enter the new building from Friedrichsplatz, you are flooded by light from the sky. The promise of openness is already fulfilled in the atrium, which is topped by a glass roof. That is the sky over Mannheim, whose brightness is reflected by the white walls of the museum. It is a friendly gesture of welcome and of clarity. Simply fantastic and a little overwhelming in its bright expanse, you head upstairs, walk along a gallery, and cross the high hall on a bridge. On one side, the view wanders across the city, and on the other side one sees the red Billing building. Nothing isolates itself here, inviting you instead and thus filling the space with atmosphere without any noisy architectural language causing irritation. You feel situated at all times, in the building and in the city. This feeling is supported by the visual connections that the architects have established right through the light-filled hall of the lobby and by the expansively glazed views of the city, as well as those from the roof terrace. In between are the thirteen variously sized exhibition cubes, some of which function autonomously, some of which can be joined together, and all of which exude a simple, white clarity.

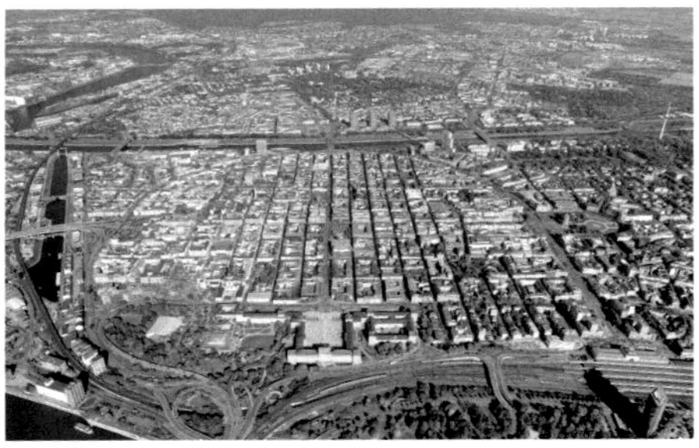

10

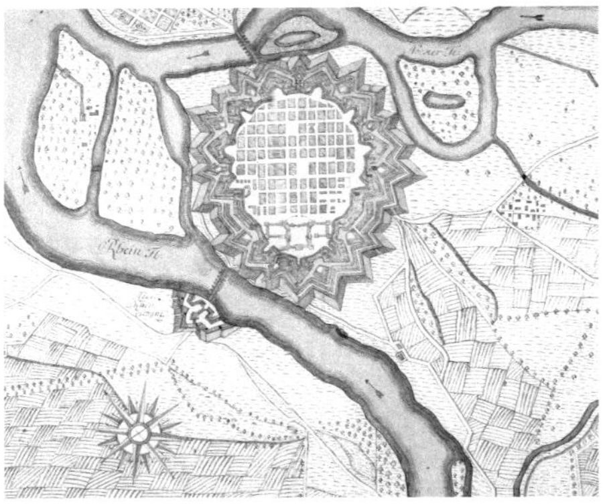

11

They are connected by galleries, passages, and bridges. While moving through this architecture, you might easily visualize the idea of a city within the city; it is an idea that forms the basis for the design concept. Inspired by the quadrate composition of the Baroque planned city of Mannheim [10+11], the Kunsthalle's exhibition compartments and their connecting paths join together to form an exciting spatial unity. Thus, what emerges is a place for the artistic avant-garde, with low-threshold access that eschews plinths, and with an inviting public agora at its core, covered by a glass roof with the expanse of the sky stretching above. If you want to learn why museums are still needed today and what form they should take, you will find the answer in Kunsthalle Mannheim, where a place for information and wisdom has been created, one for art and for artful architectural composition.

Pläne und Zeichnungen

Plans and Drawings

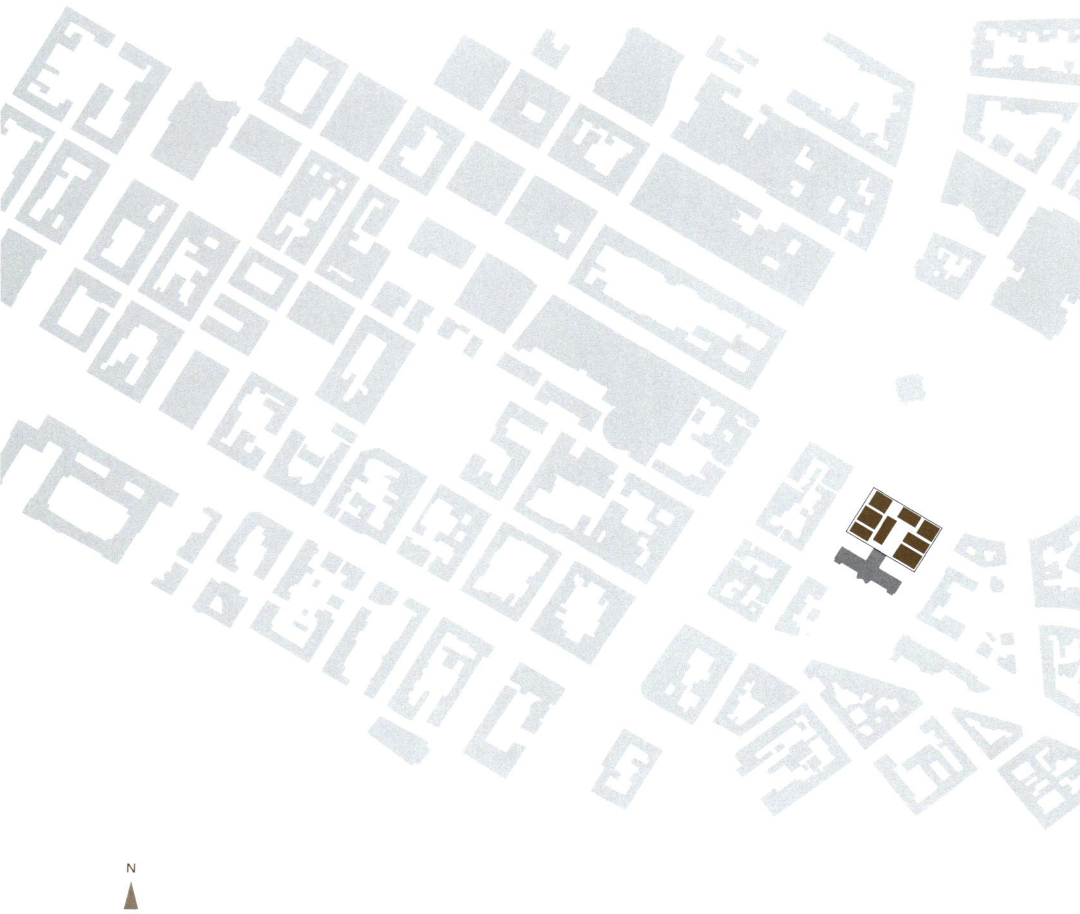

Lageplan
Site plan

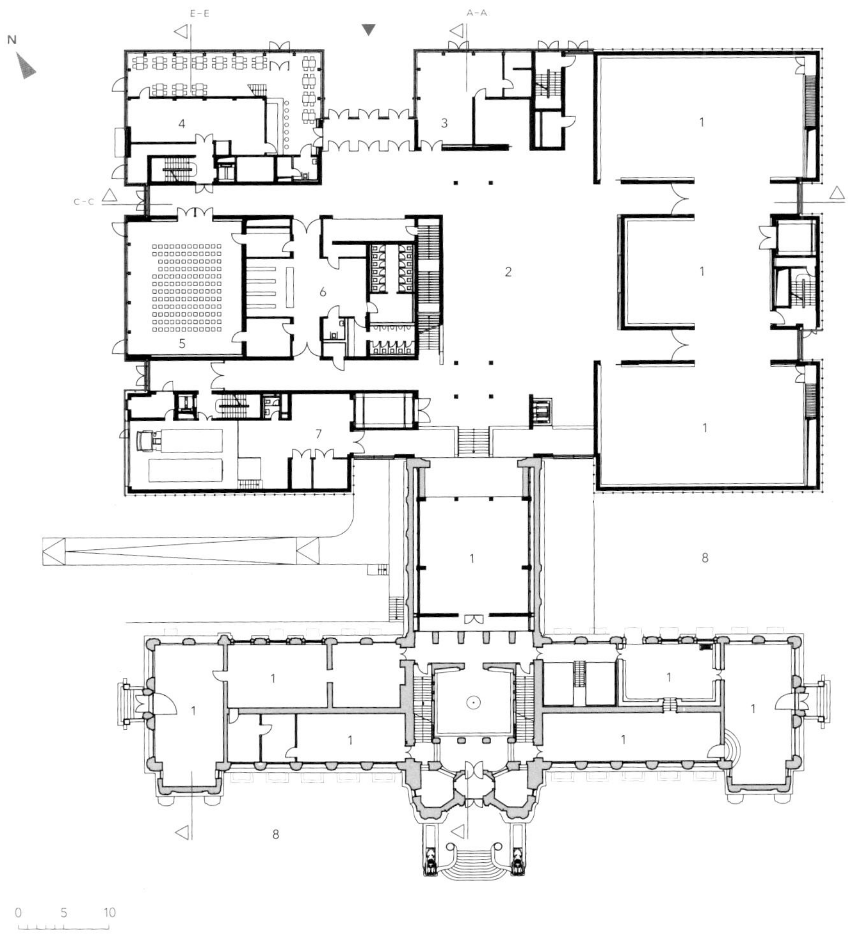

1 Ausstellung
Exhibition space
2 Atrium/Eingangshalle
Atrium/Entrance hall
3 Shop/Buchhandlung
Shop/Bookshop
4 Café/Restaurant
Café/Restaurant
5 Veranstaltungen
Events
6 Garderobe
Cloakroom
7 Anlieferung/Kunsttransport
Deliveries/Art transport
8 Skulpturengarten
Sculptures garden

Grundriss EG
Floor plan level 0

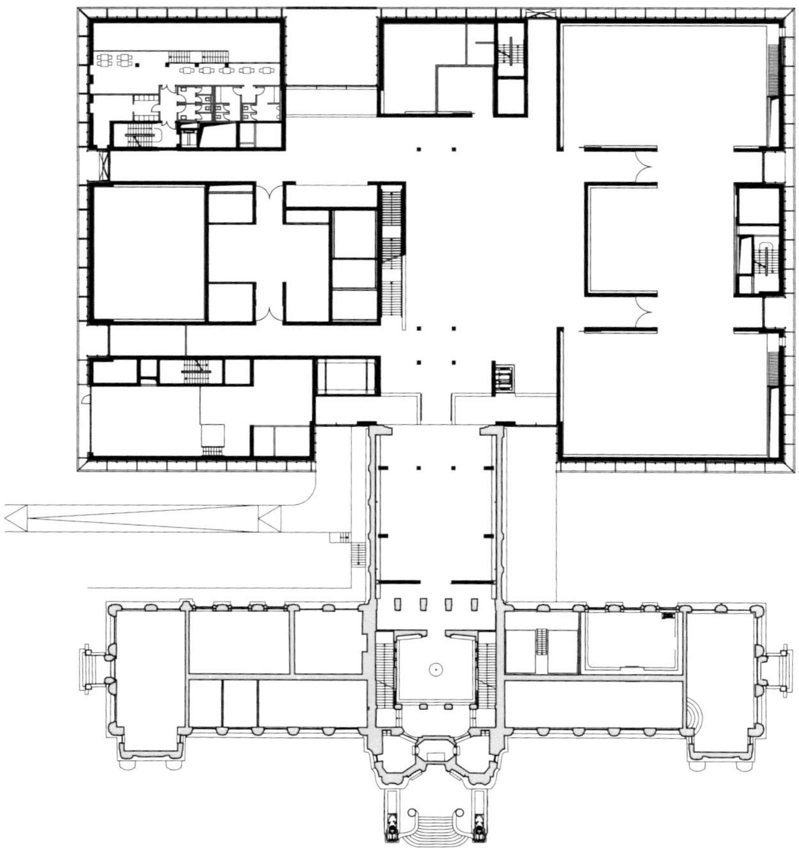

Grundriss 1. Zwischengeschoss
Floor plan mezzanine level 1

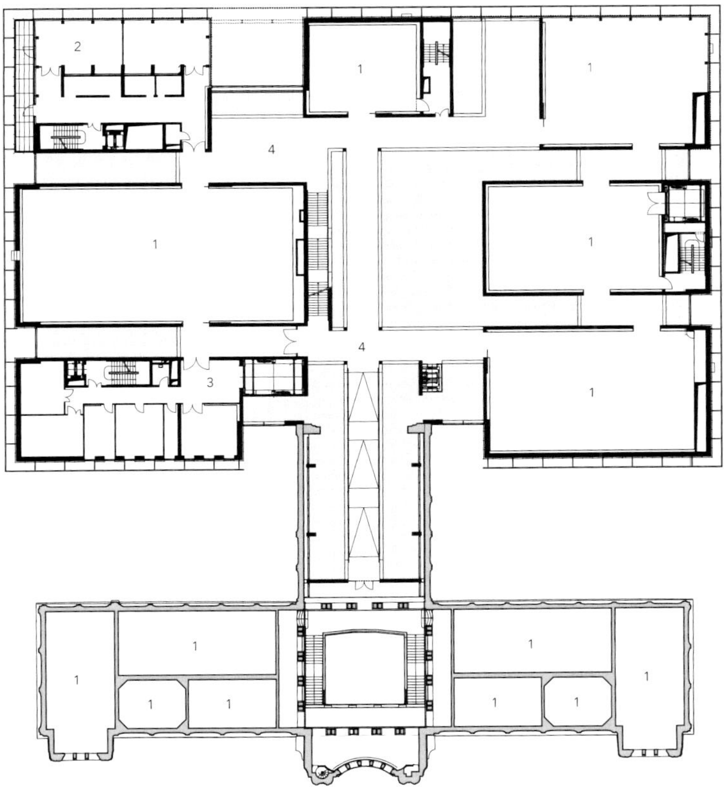

Grundriss 1. OG
Floor plan level 1

1 Ausstellung
Exhibition space
2 Kunstvermittlung
Education
3 Verwaltung
Administration
4 Flur/Galerie
Corridor/Gallery

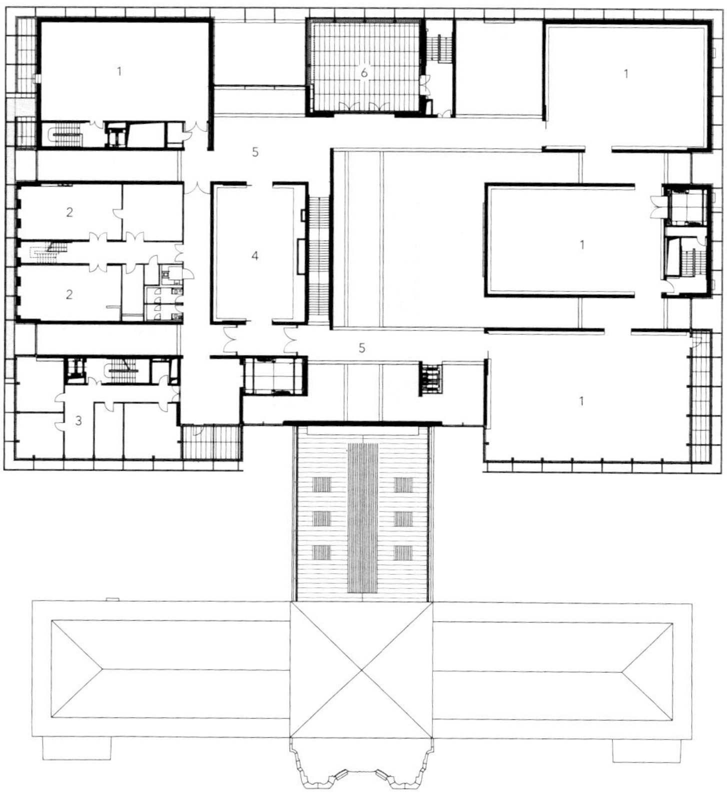

1 Ausstellung
Exhibition space
2 Restauratorenwerkstatt
Restoration workshops
3 Verwaltung
Administration
4 Schaudepot
Open Storage
5 Flur/Galerie
Corridor/Gallery
6 Dachterrasse
Roof terrace

Grundriss 2. OG
Floor plan level 2

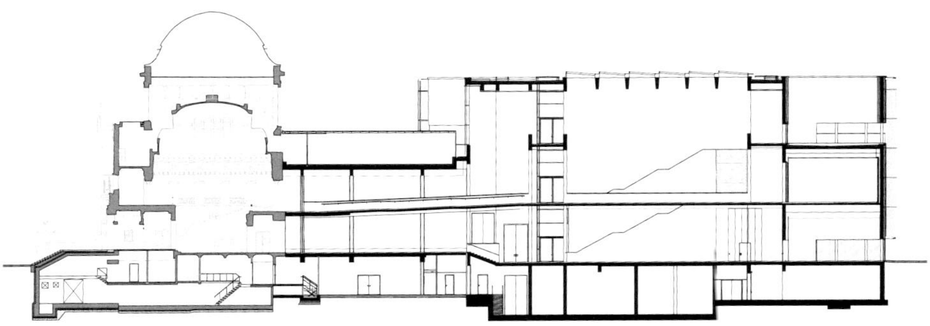

Schnitt A-A durch Altbau, Athene-Trakt und Atrium
Section A-A through the old building, the Athena wing, and the atrium

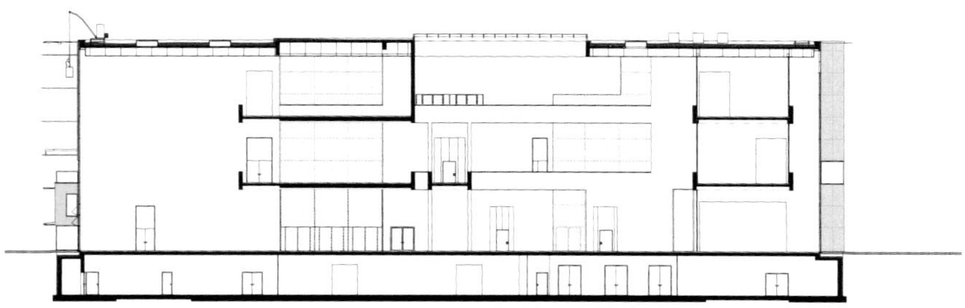

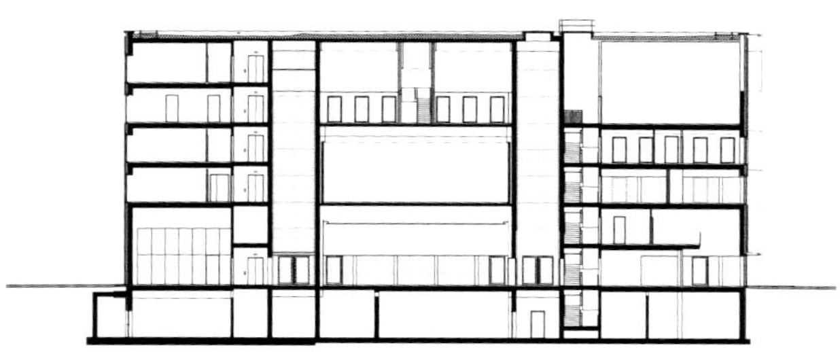

↑ Schnitt C-C durch Atrium und Ausstellungsräume
Section C-C through the atrium and exhibition spaces

↑ Schnitt E-E durch die Zwischengeschosse
Section E-E through the mezzanine levels

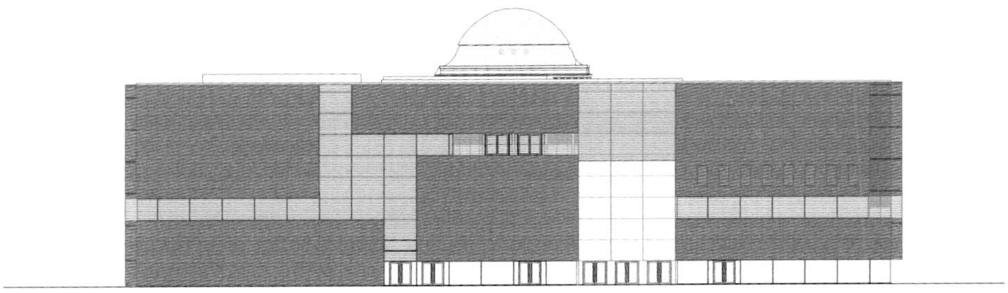

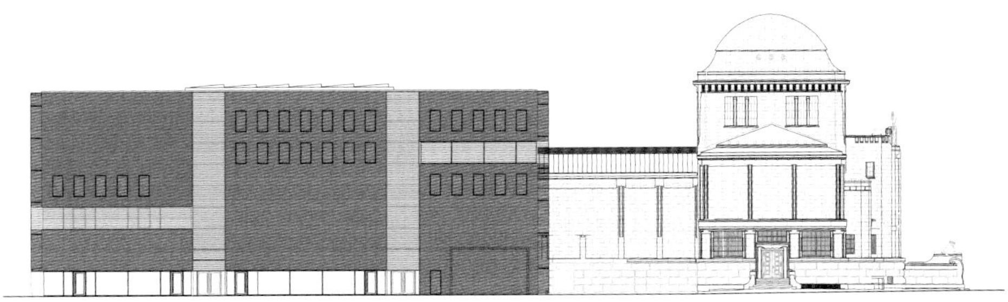

↑ Ansicht Nord-Ost
Northeast elevation

↑ Ansicht Nord-West
Northwest elevation

Fotografische Dokumentation

Photographic Documentation

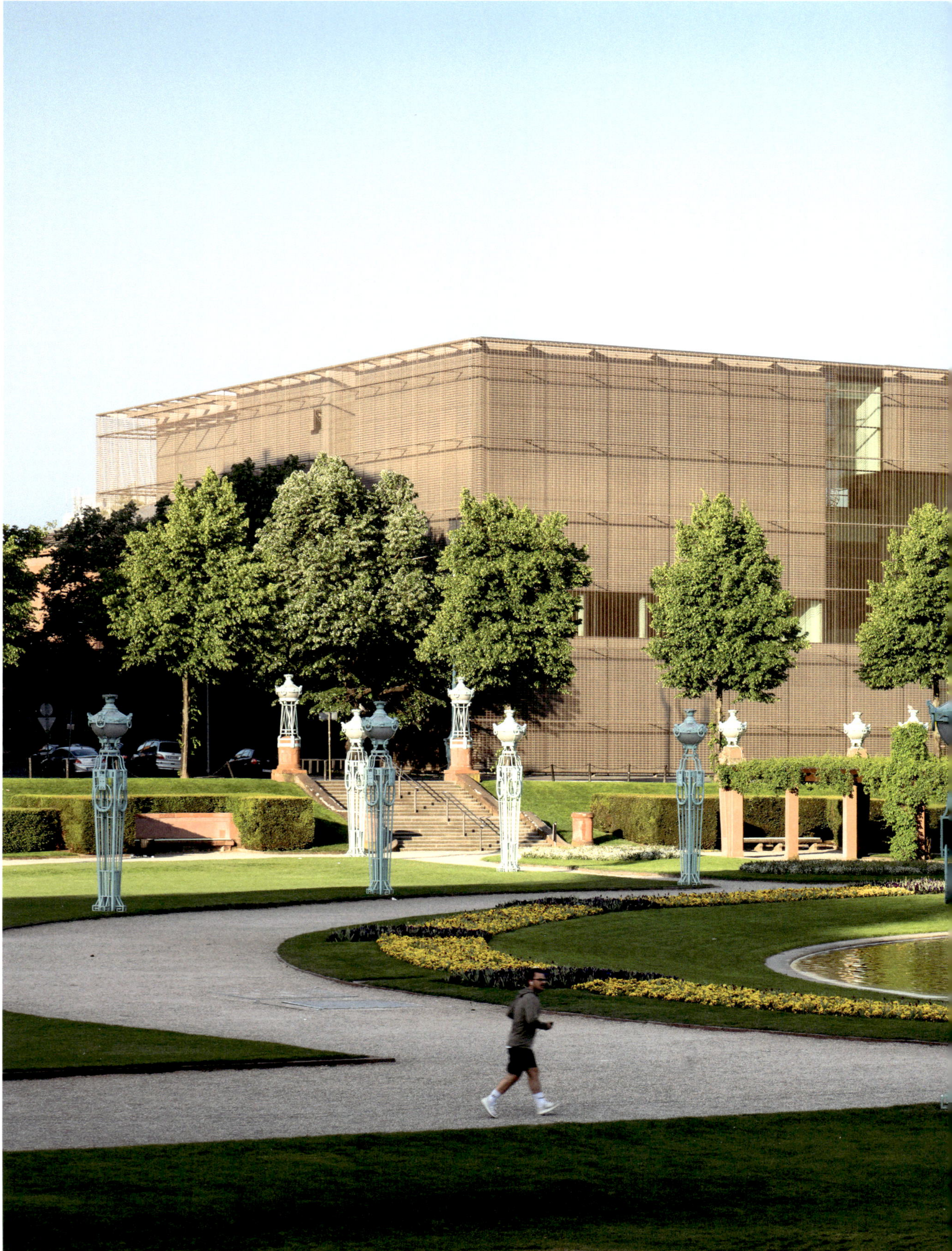

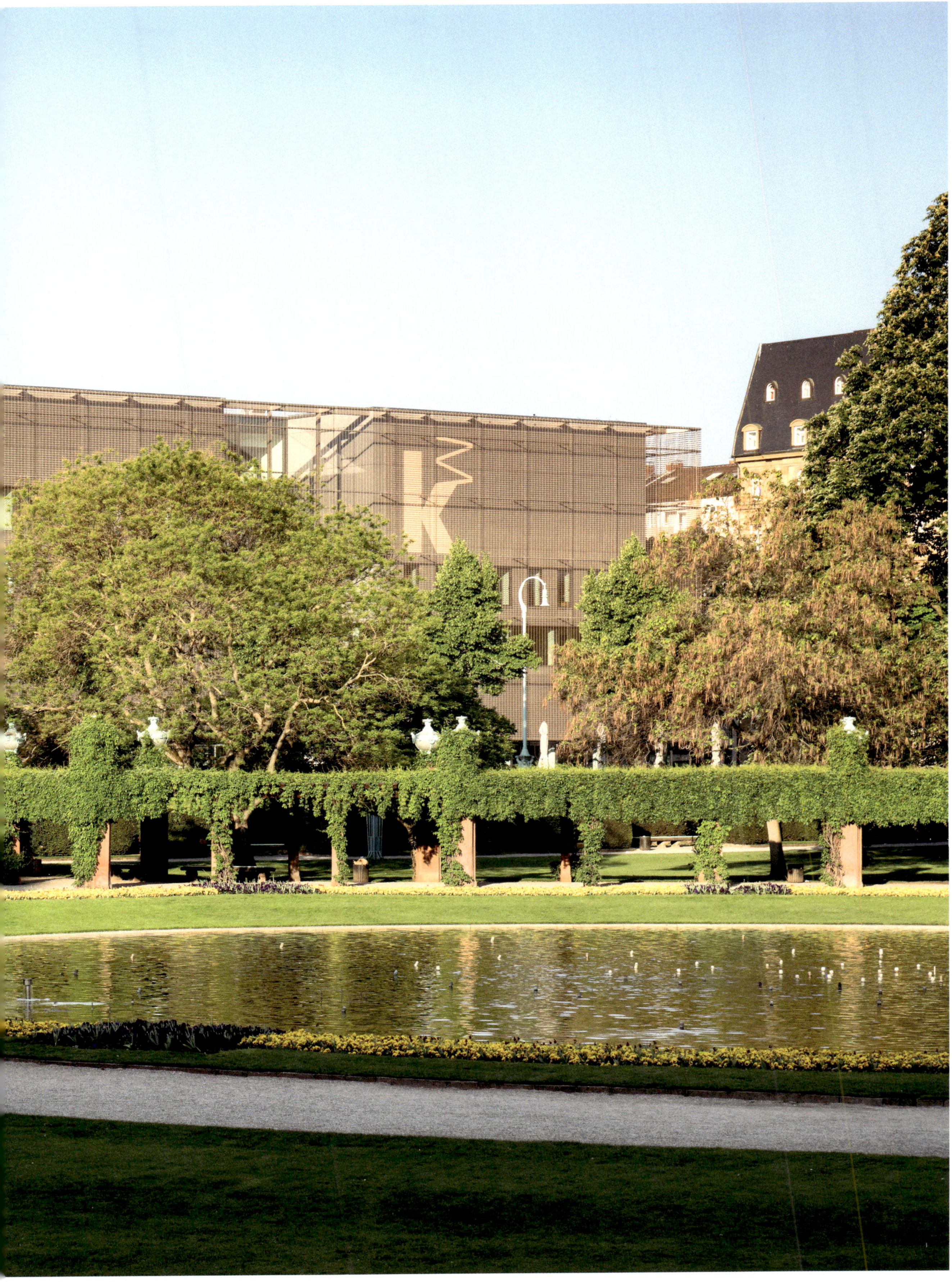

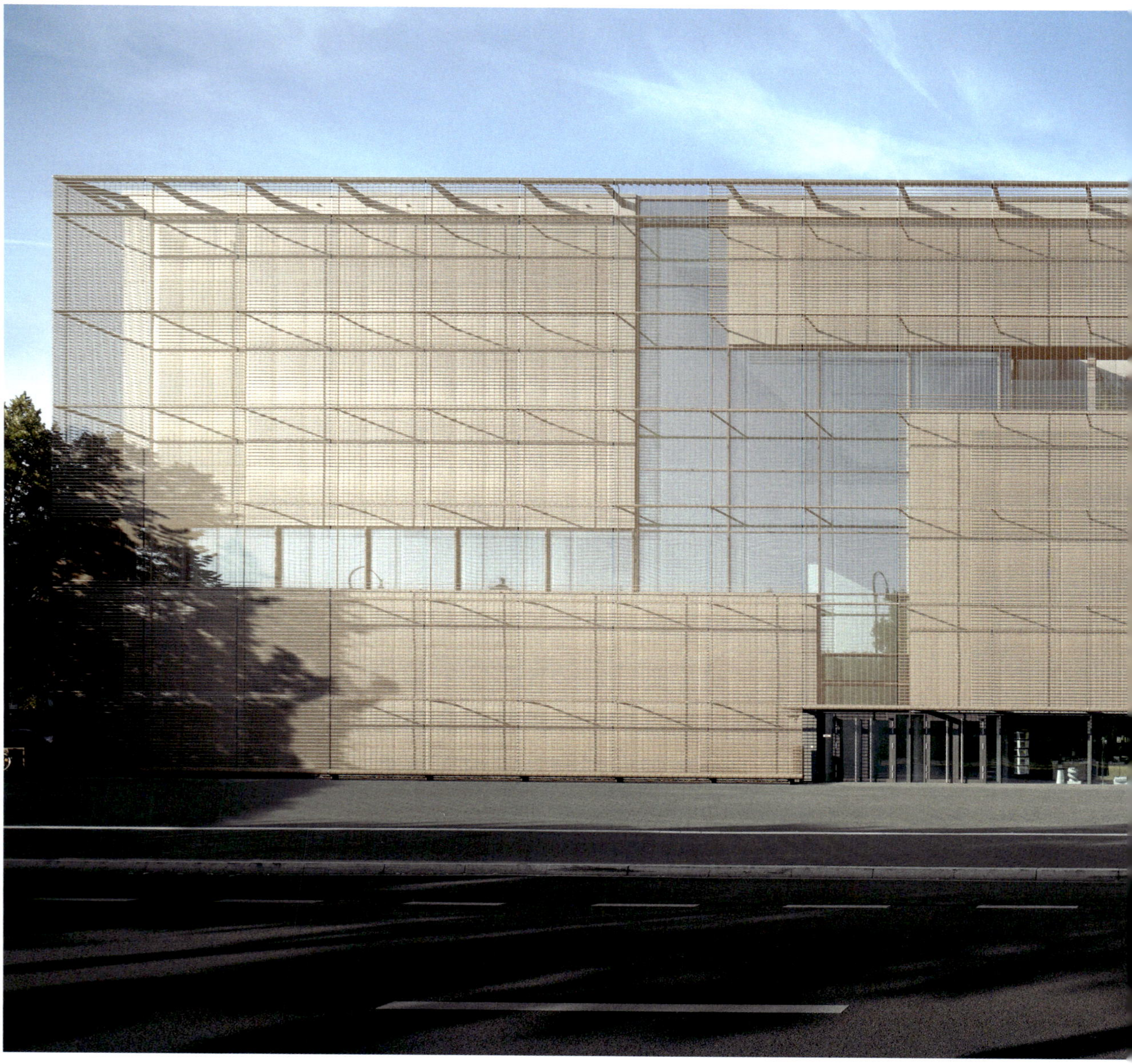

◫ ← Die Kunsthalle Mannheim am Friedrichsplatz
The Kunsthalle Mannheim on Friedrichsplatz

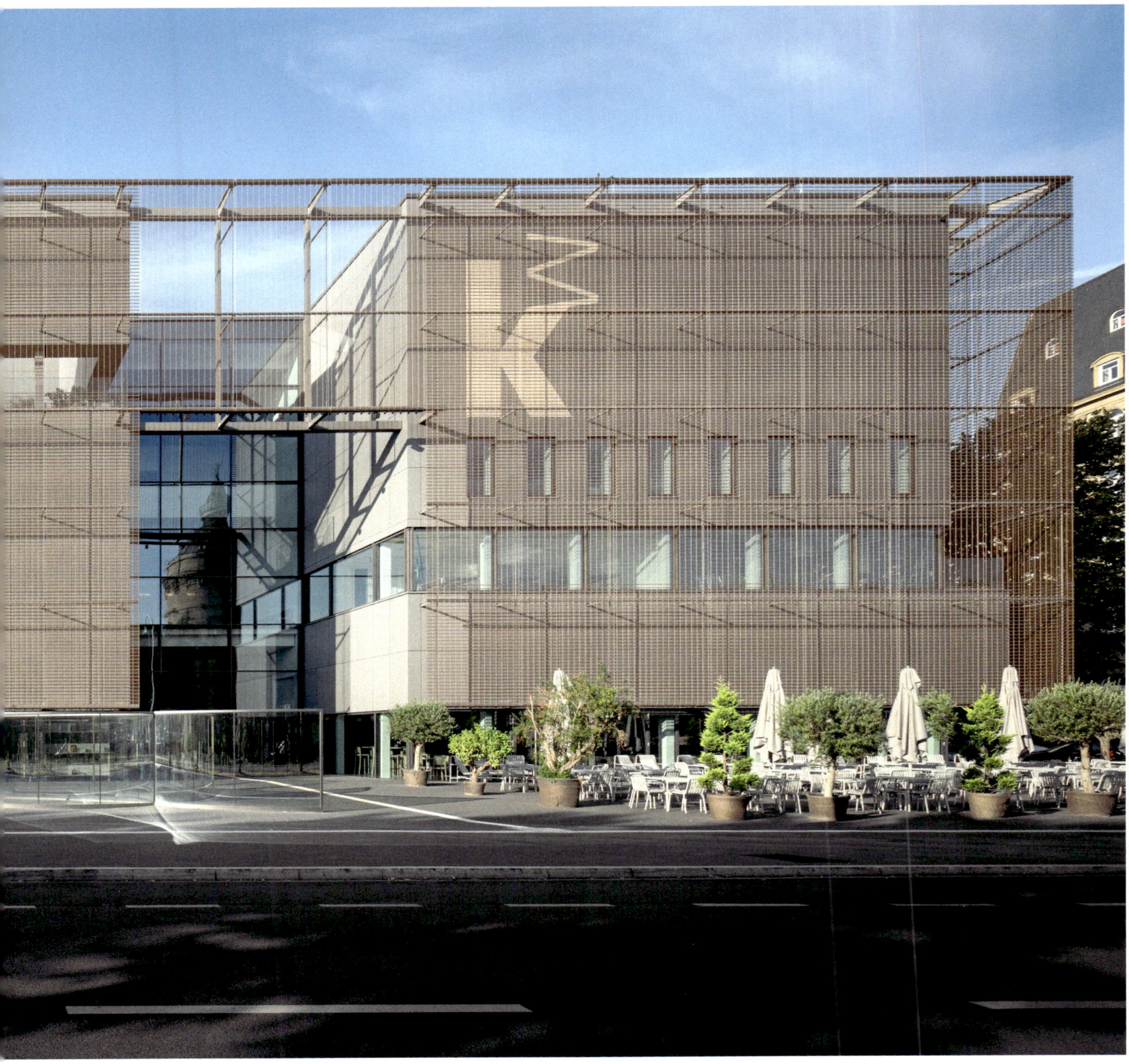

Ein transparentes Metallgewebe bildet die äußere Kubatur des Museums.
A transparent metal mesh defines the outer form of the museum.

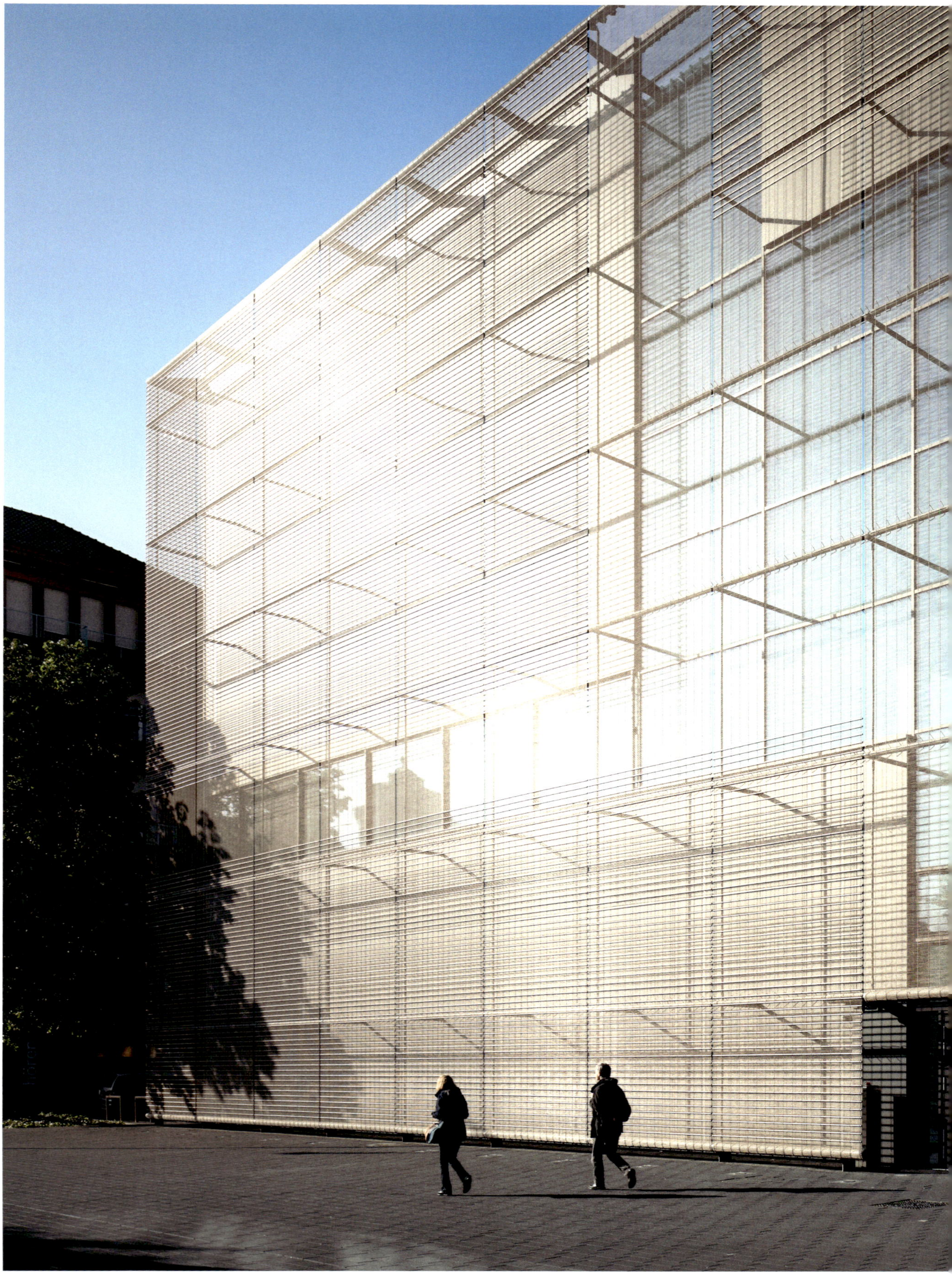

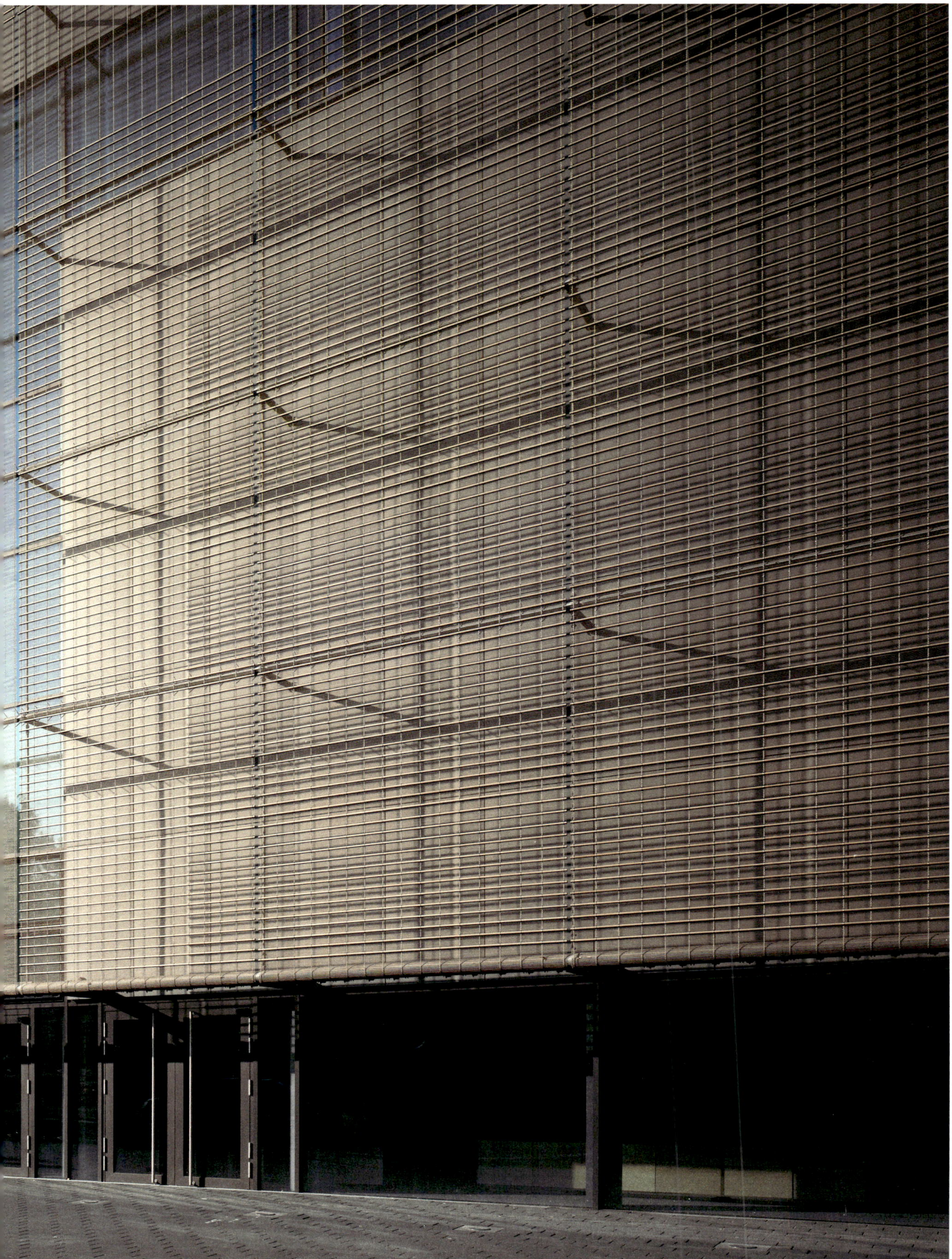

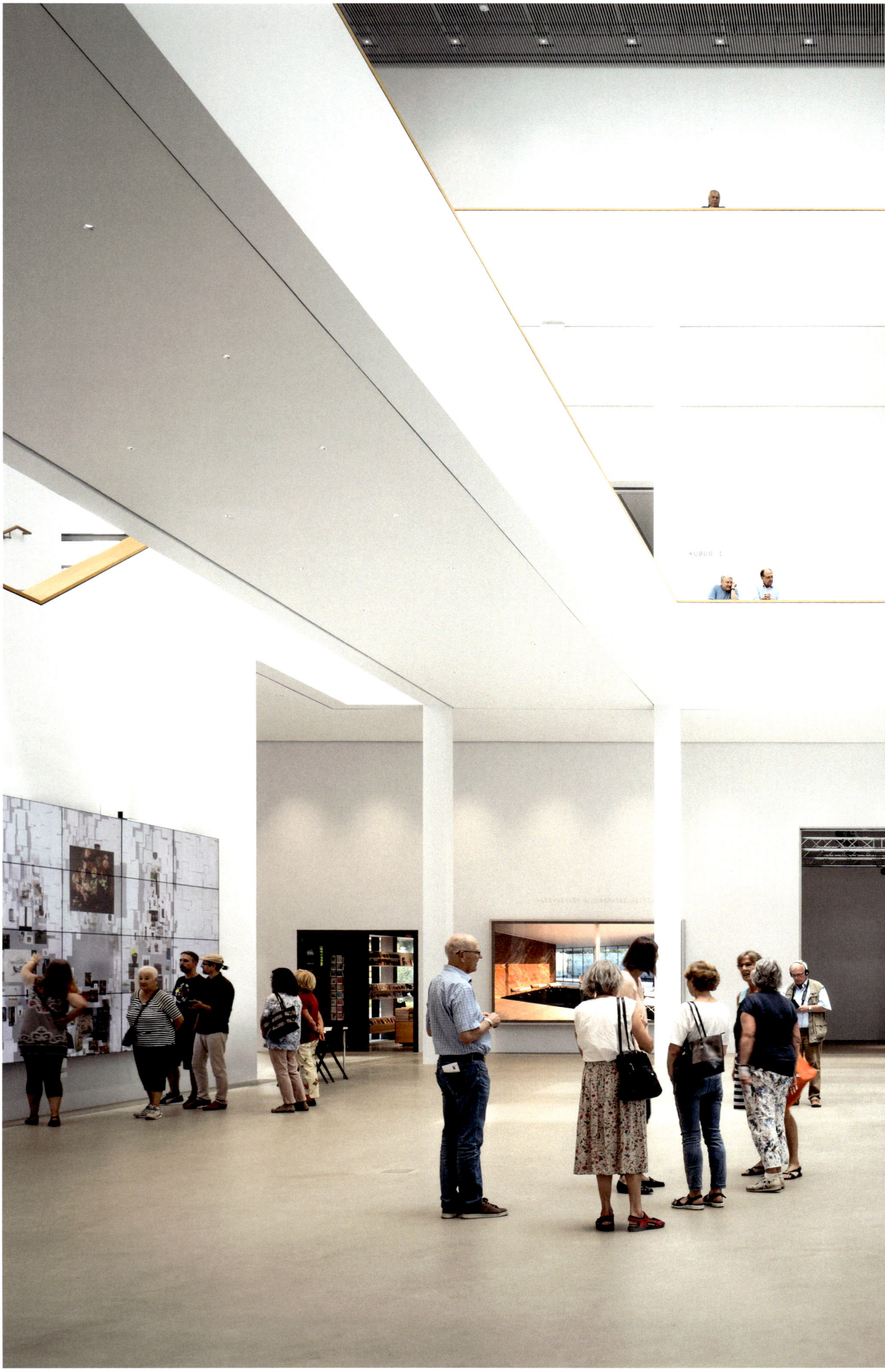
KUBUS 1

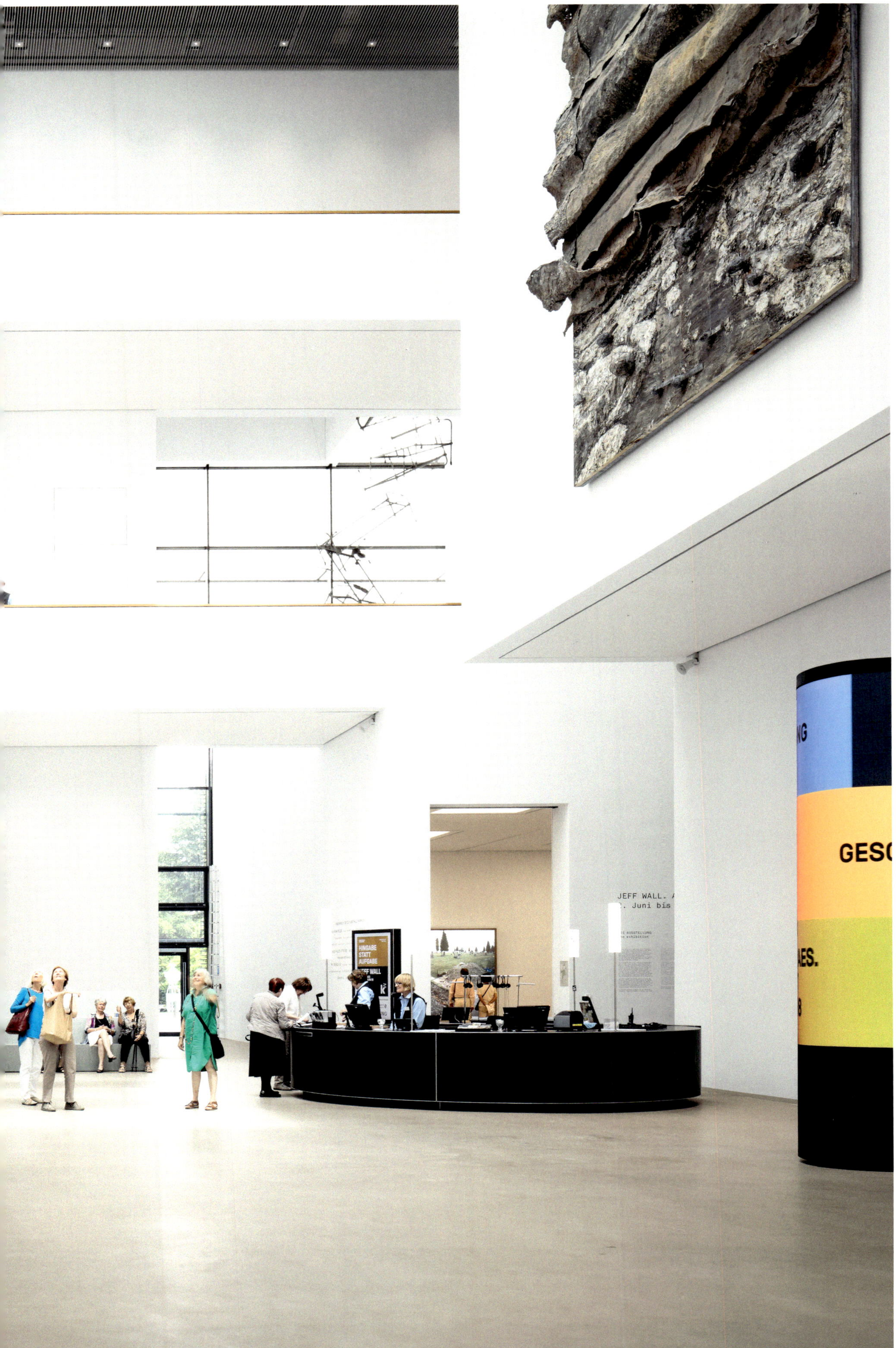
HINGABE
STATT
AUFGABE
JEFF WALL

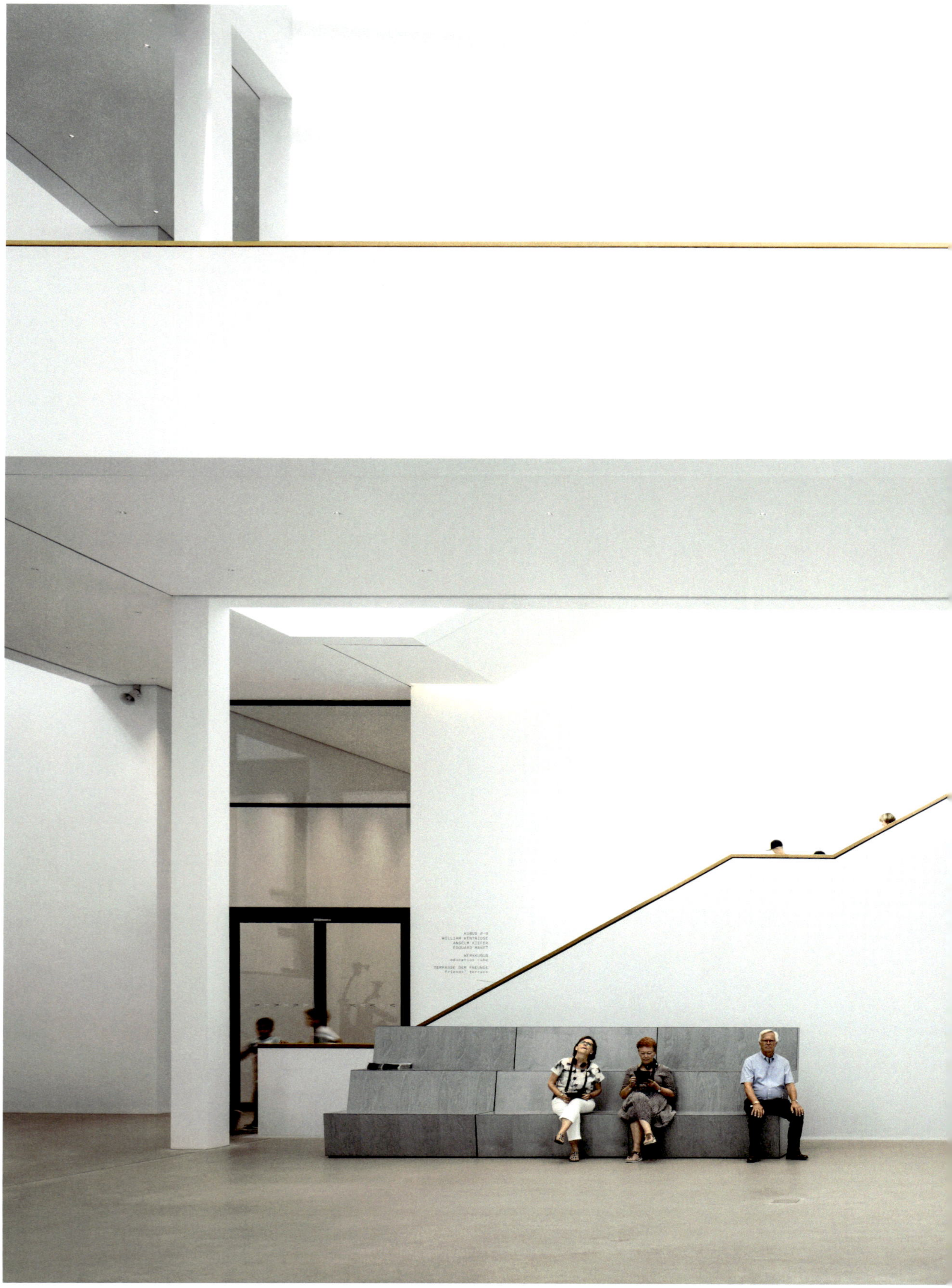
WILLIAM KENTRIDGE
ANSELM KIEFER
EDOUARD MANET
WERKKUBUS
education cube
TERRASSE DER FREUNDE
friends' terrace

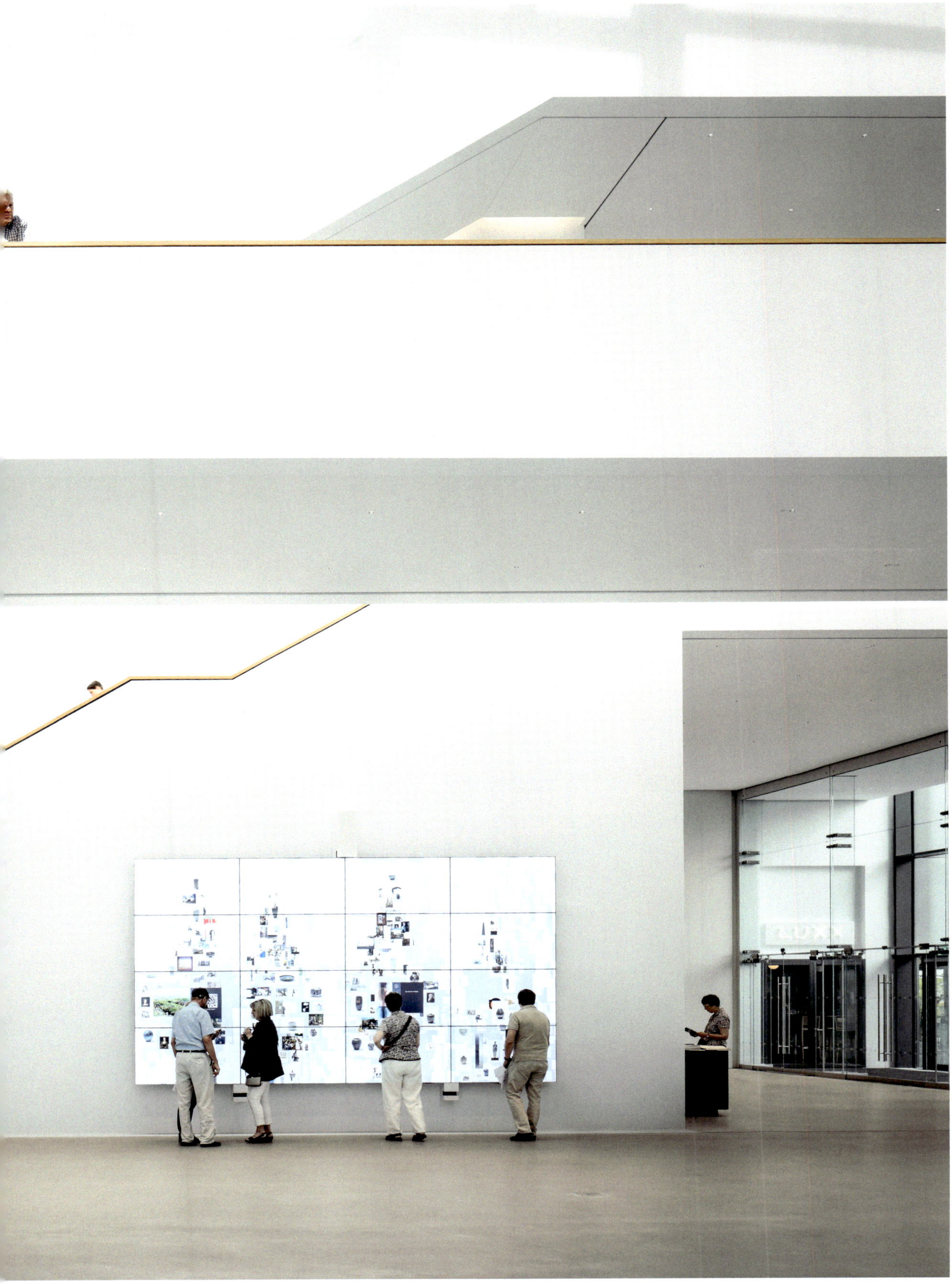

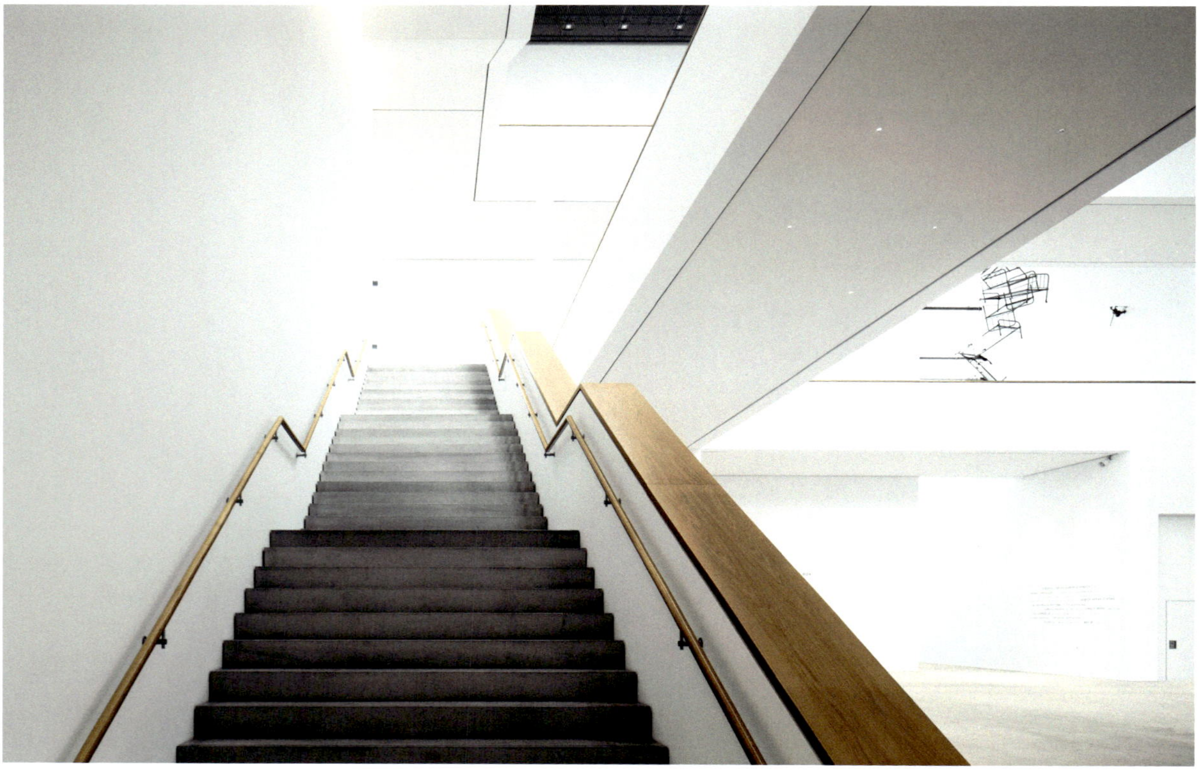

◫ ← Das Atrium des Museums ist als Erweiterung des öffentlichen Raumes frei zugänglich.
The museum's atrium is freely accessible as an extension of the public realm.

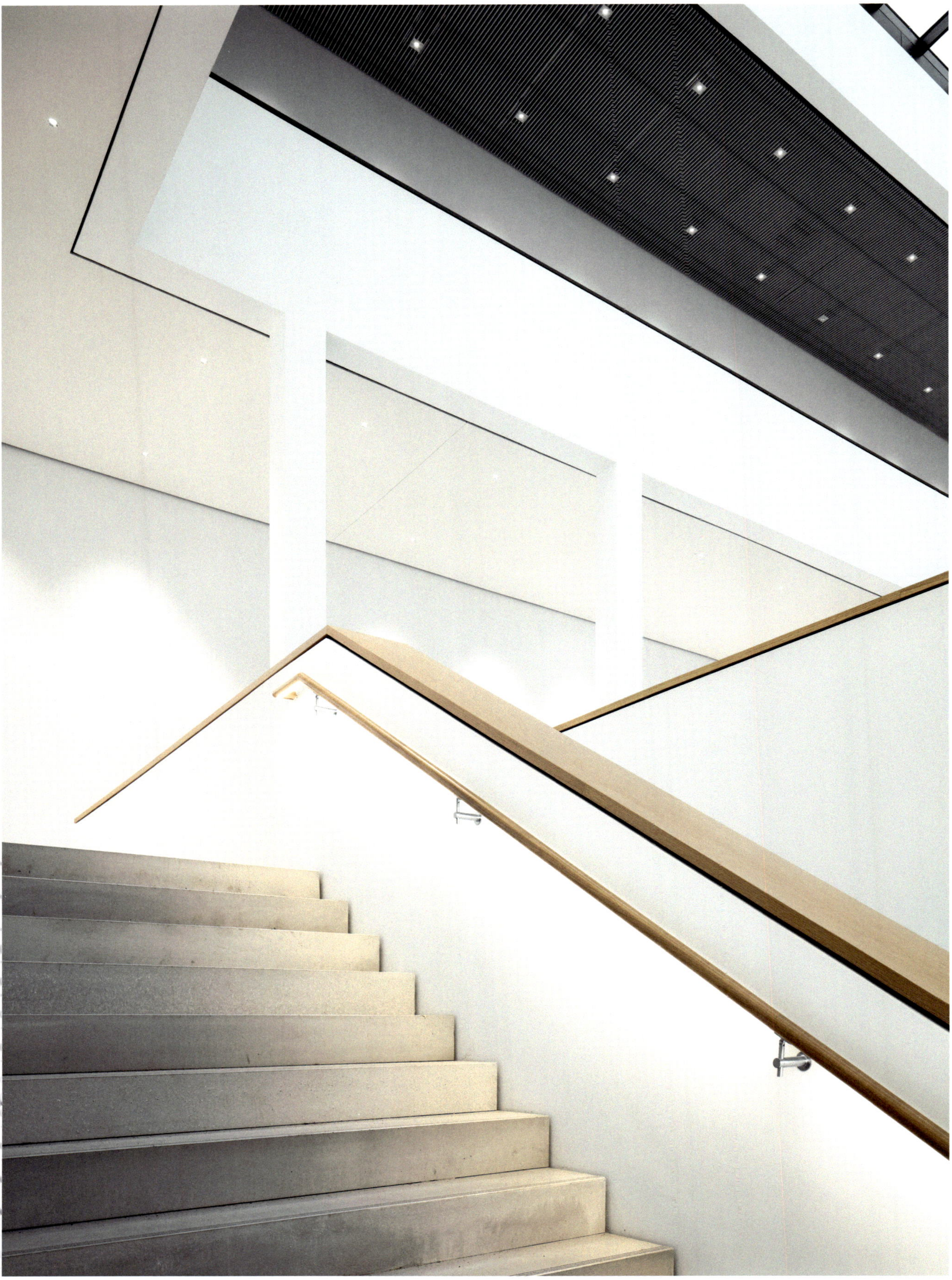

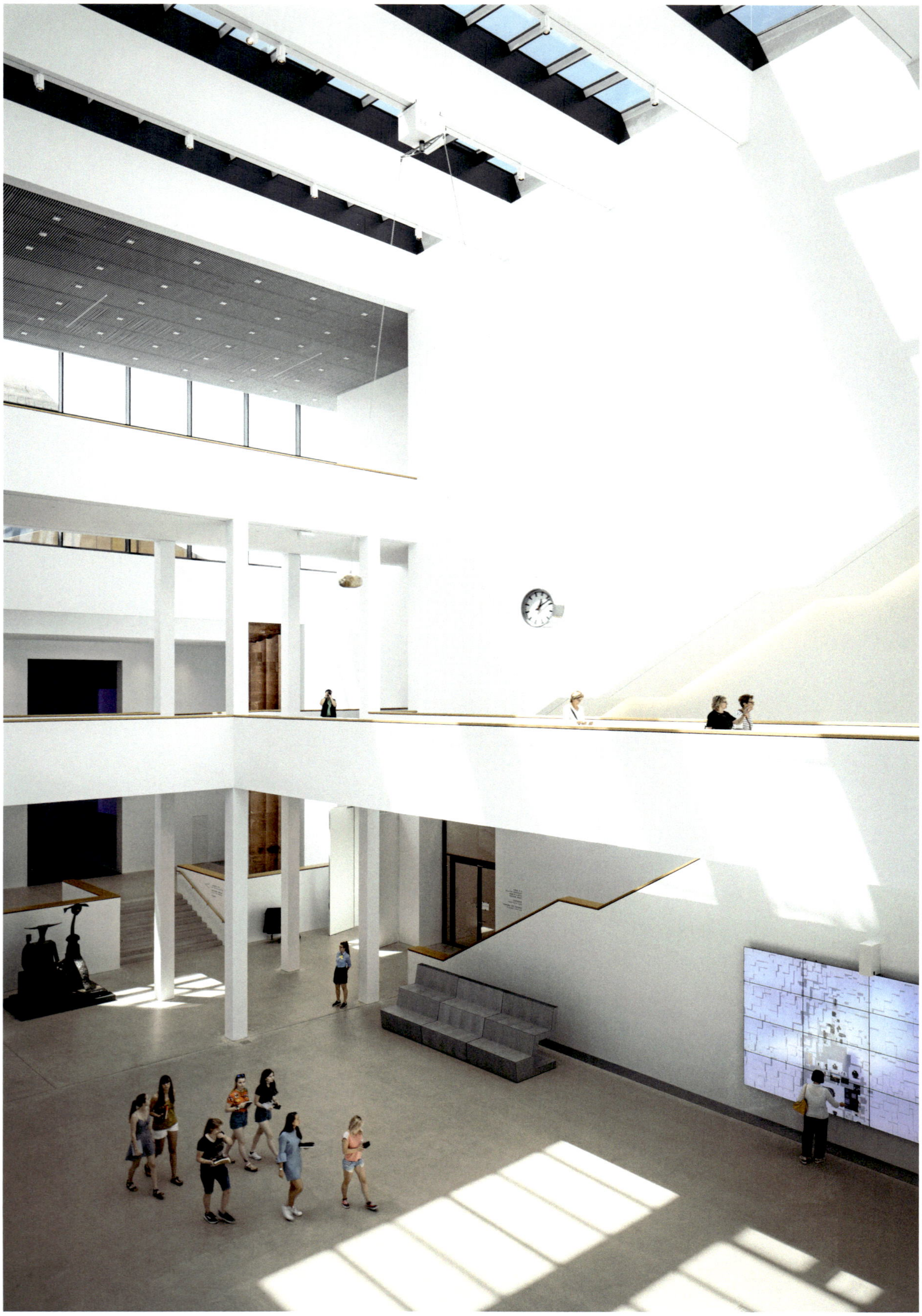

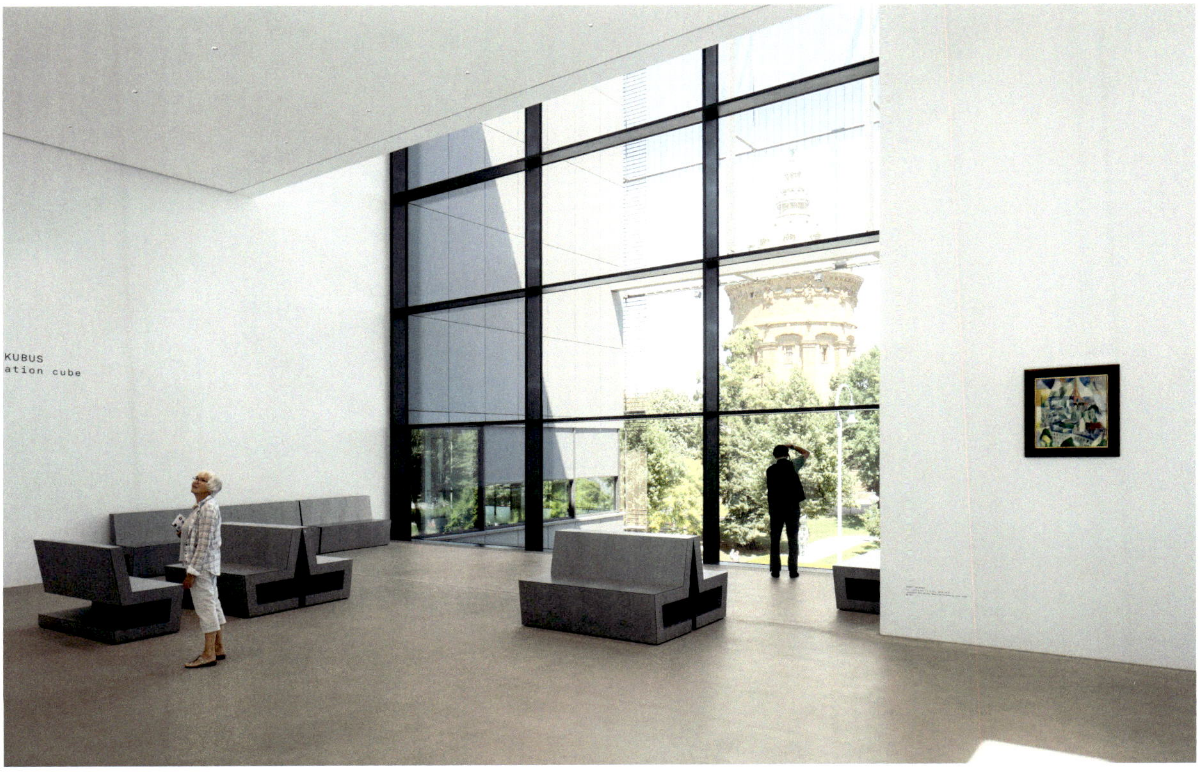

↑ Museums- und Stadtraum sind durch Ein- und Ausblicke vielfach miteinander verwoben.
The spaces of the museum and the city are interwoven extensively with inward and outward views.

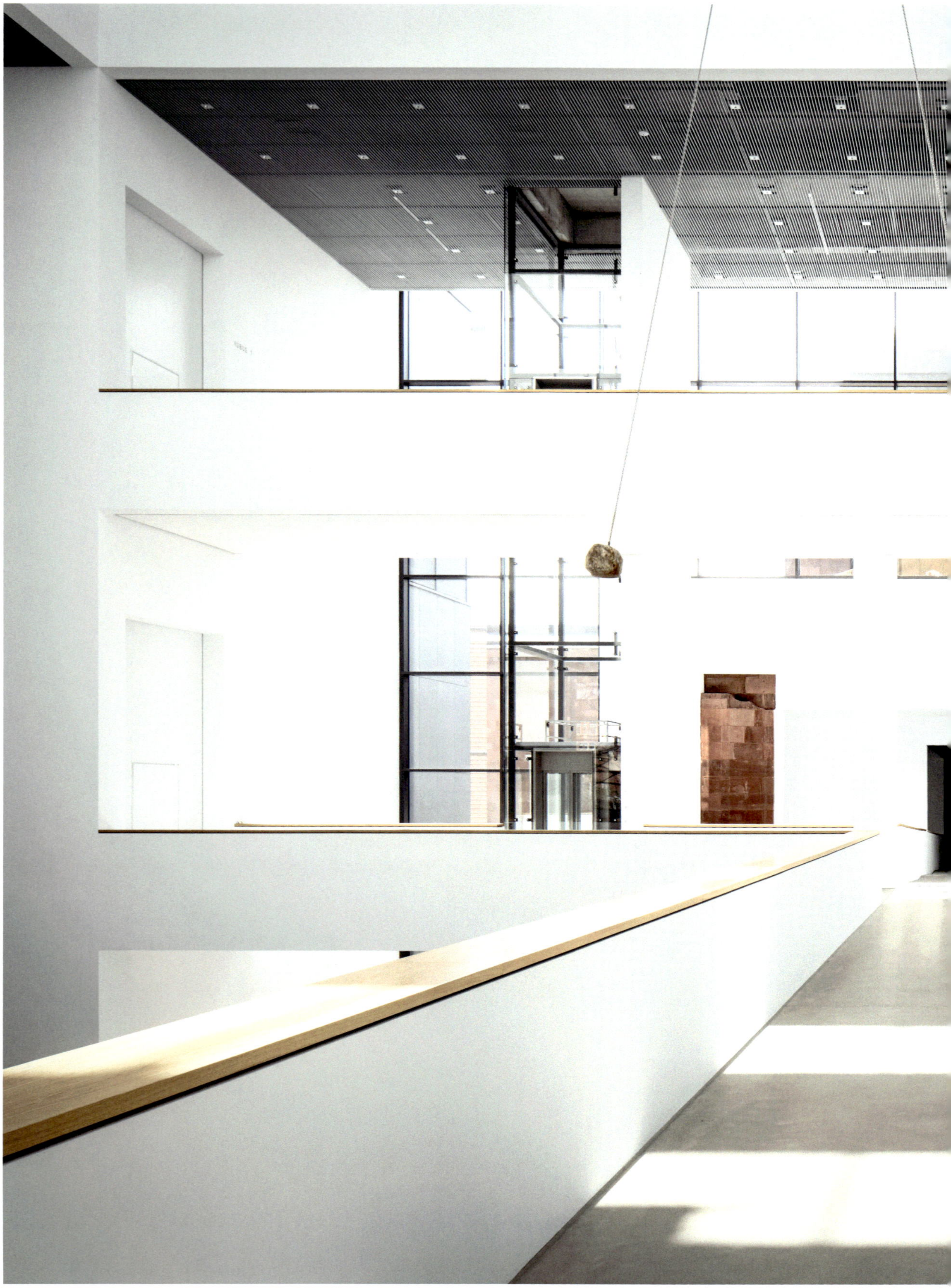

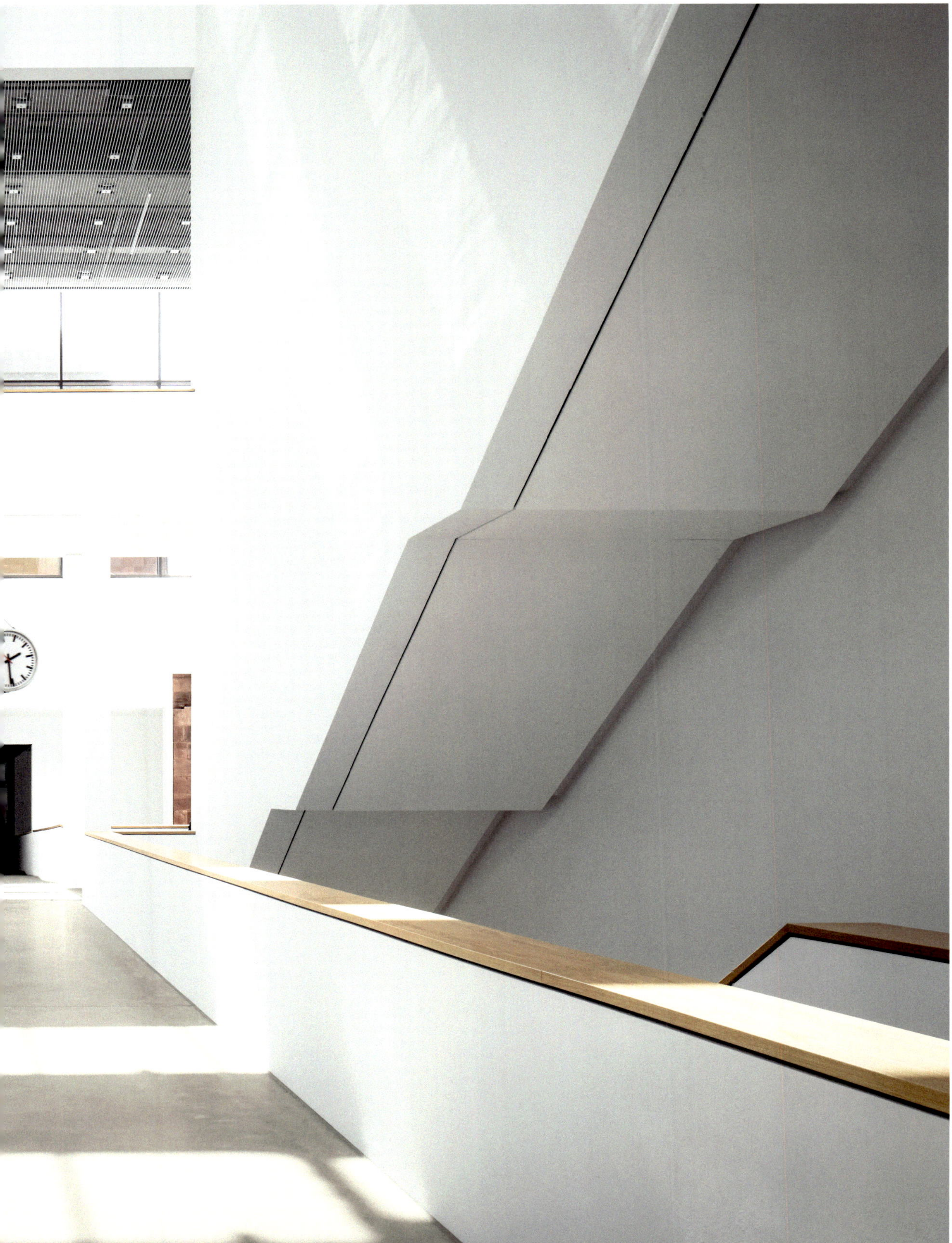

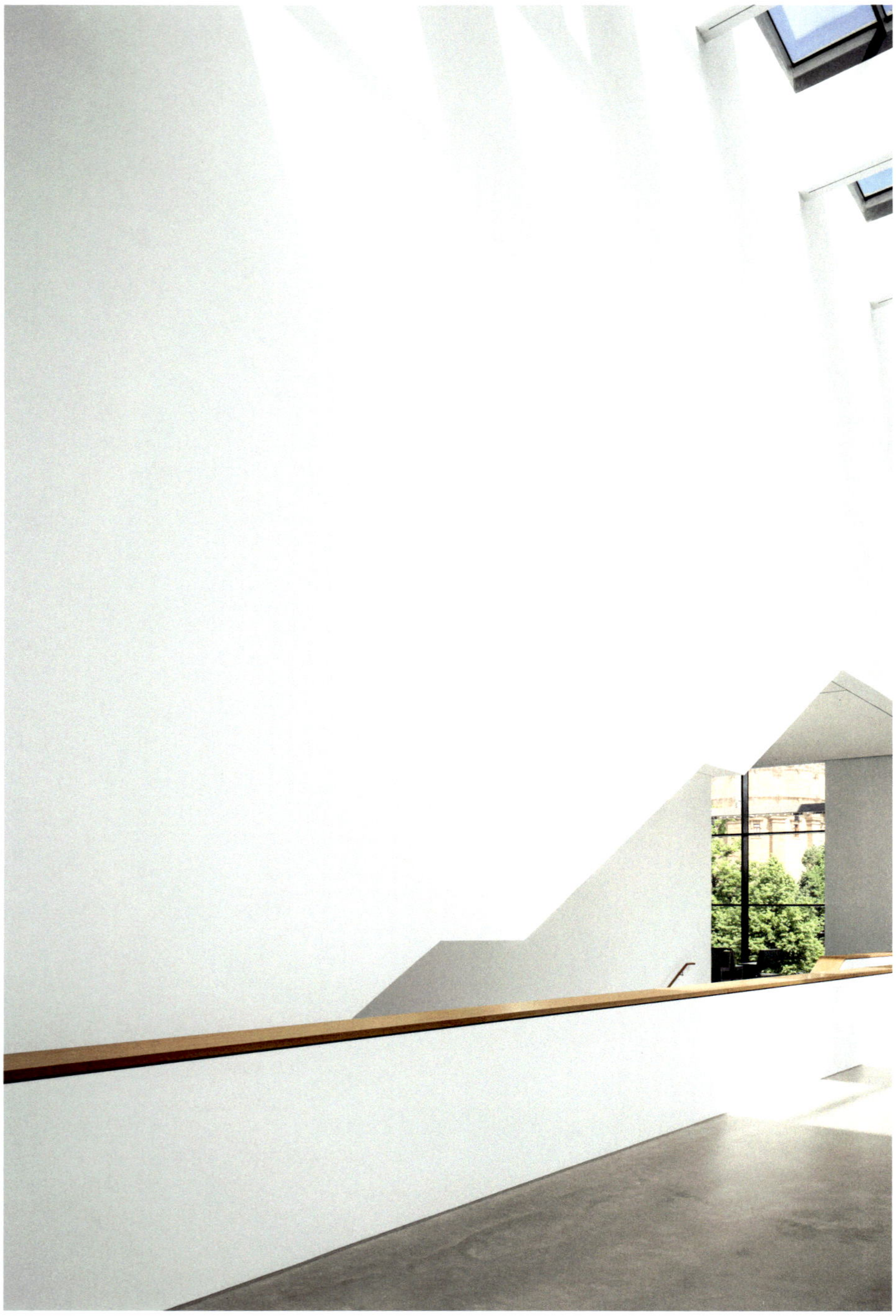

Blick vom Atrium in den Athene-Trakt
View from the atrium into the Athena wing

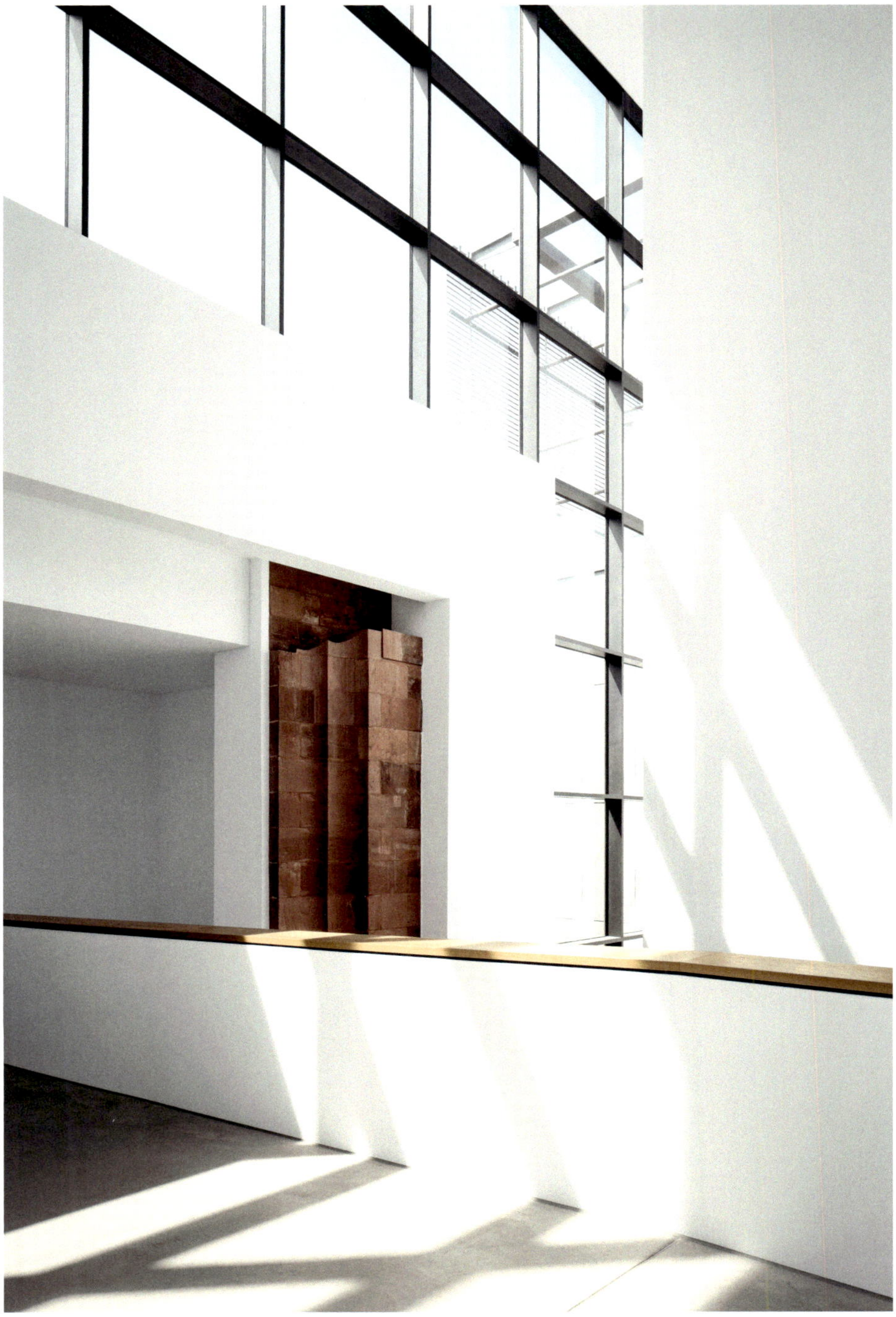

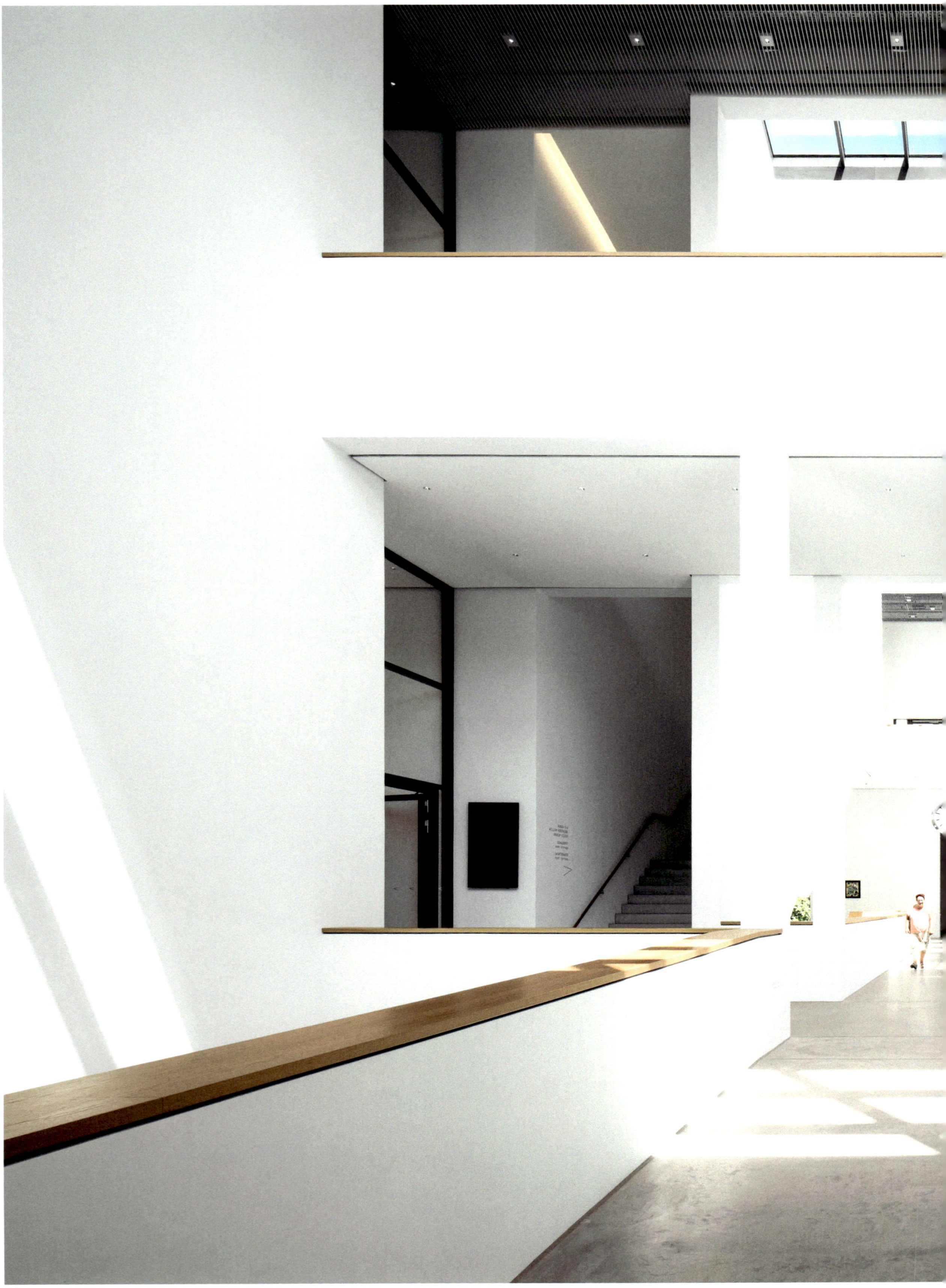

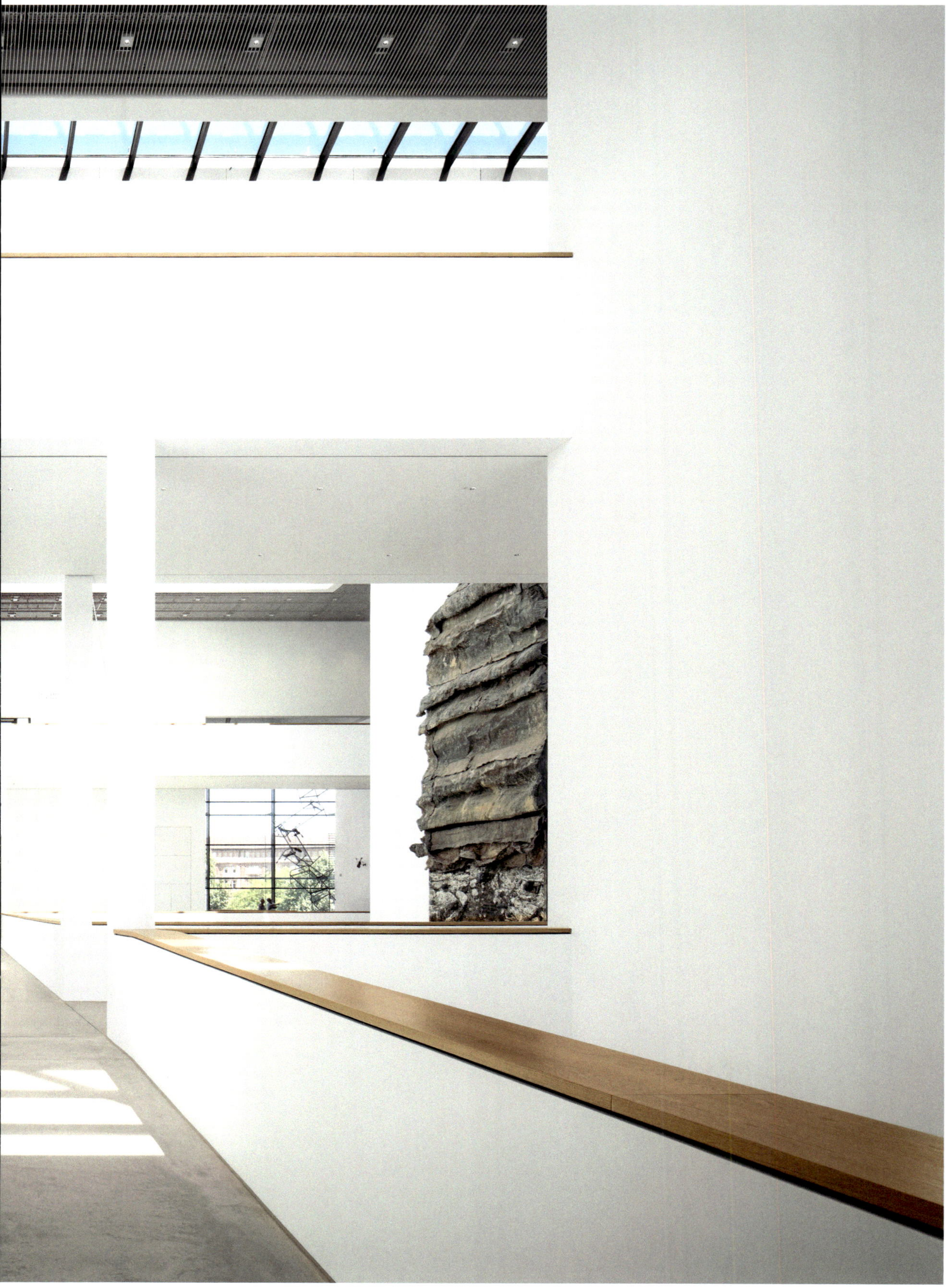

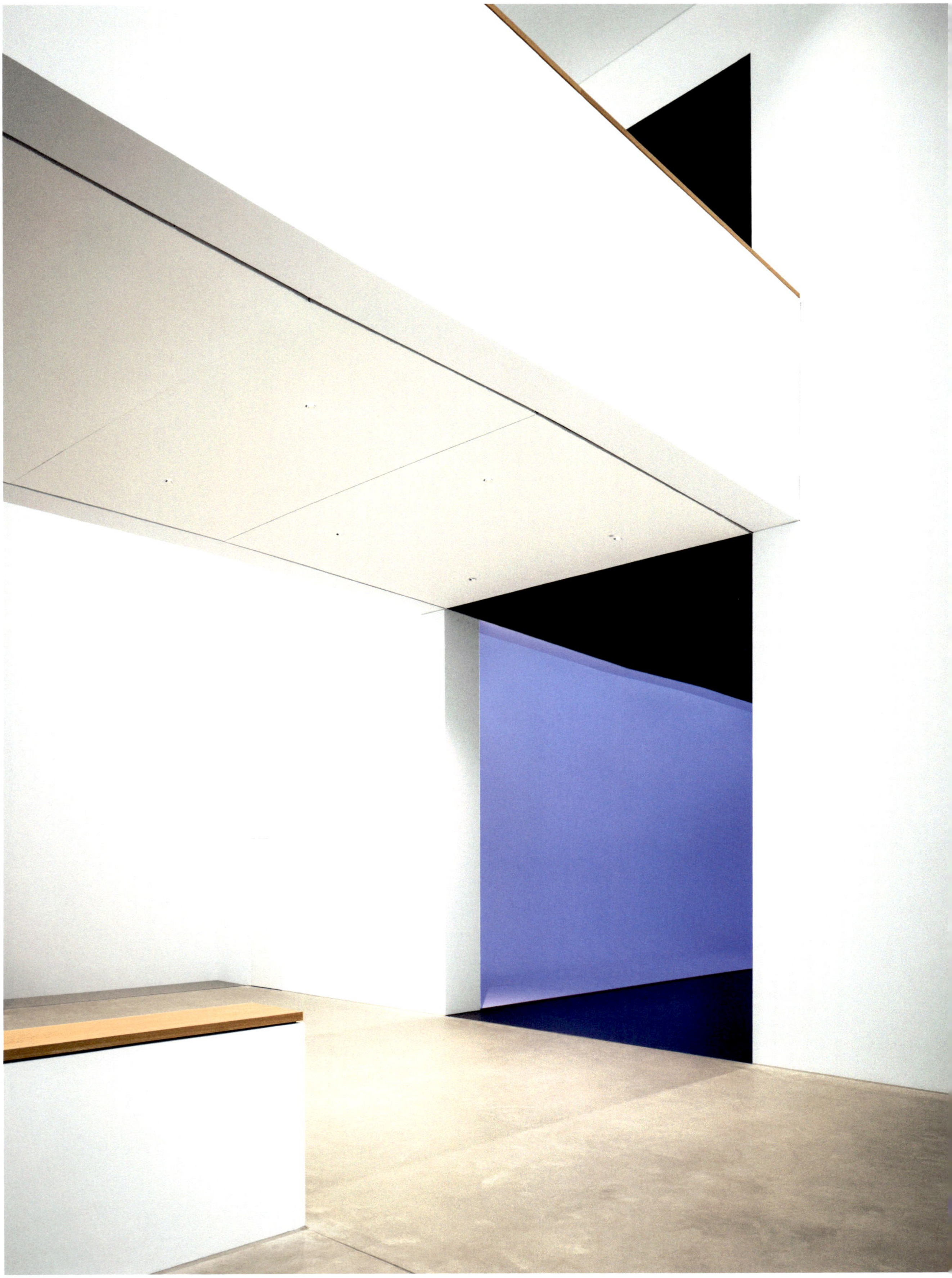

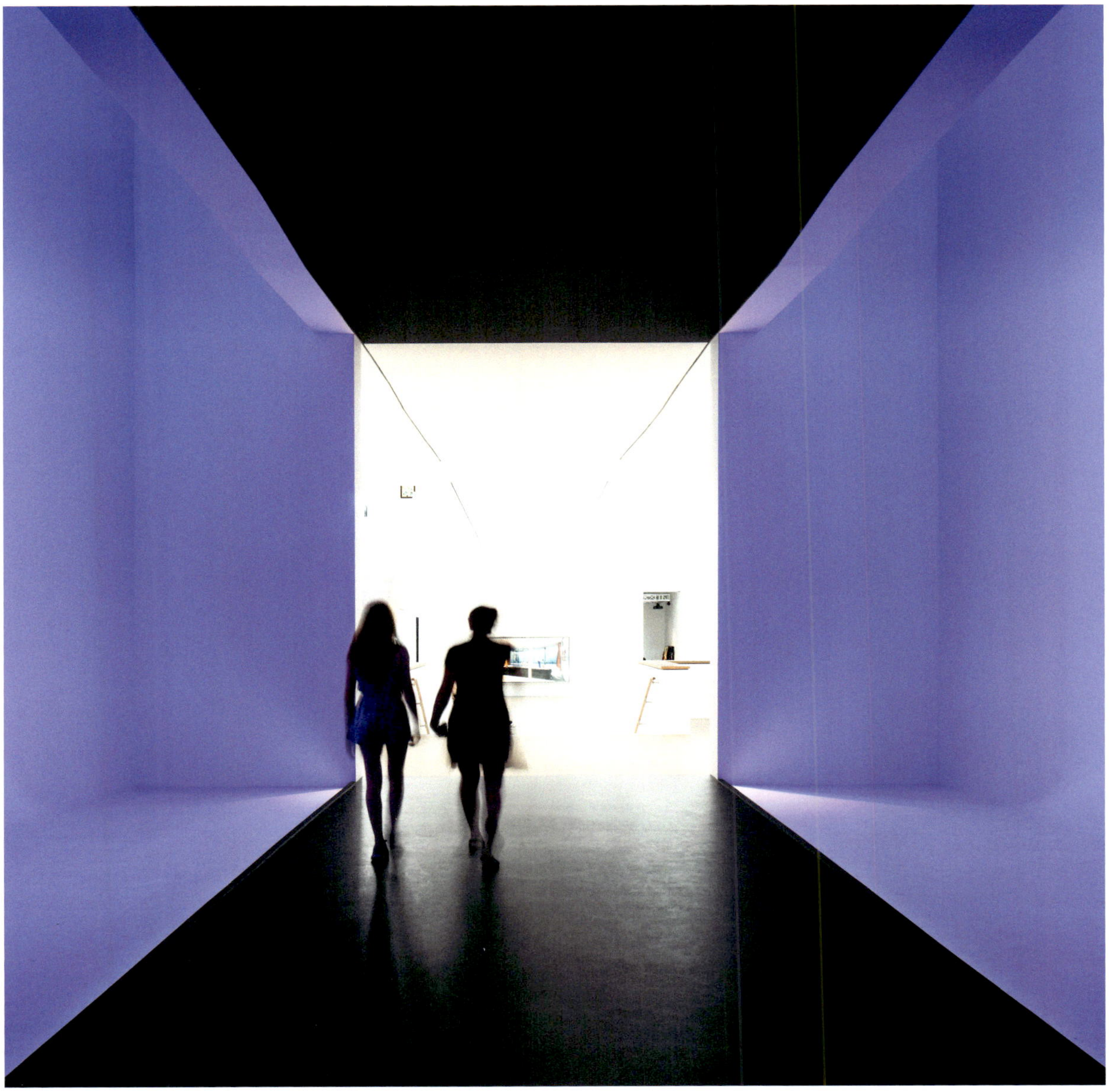

Übergang zum Altbau, der durch eine Lichtinstallation von James Turrell inszeniert werden wird
Link to the old building, which will be transformed with a light installation by James Turrell

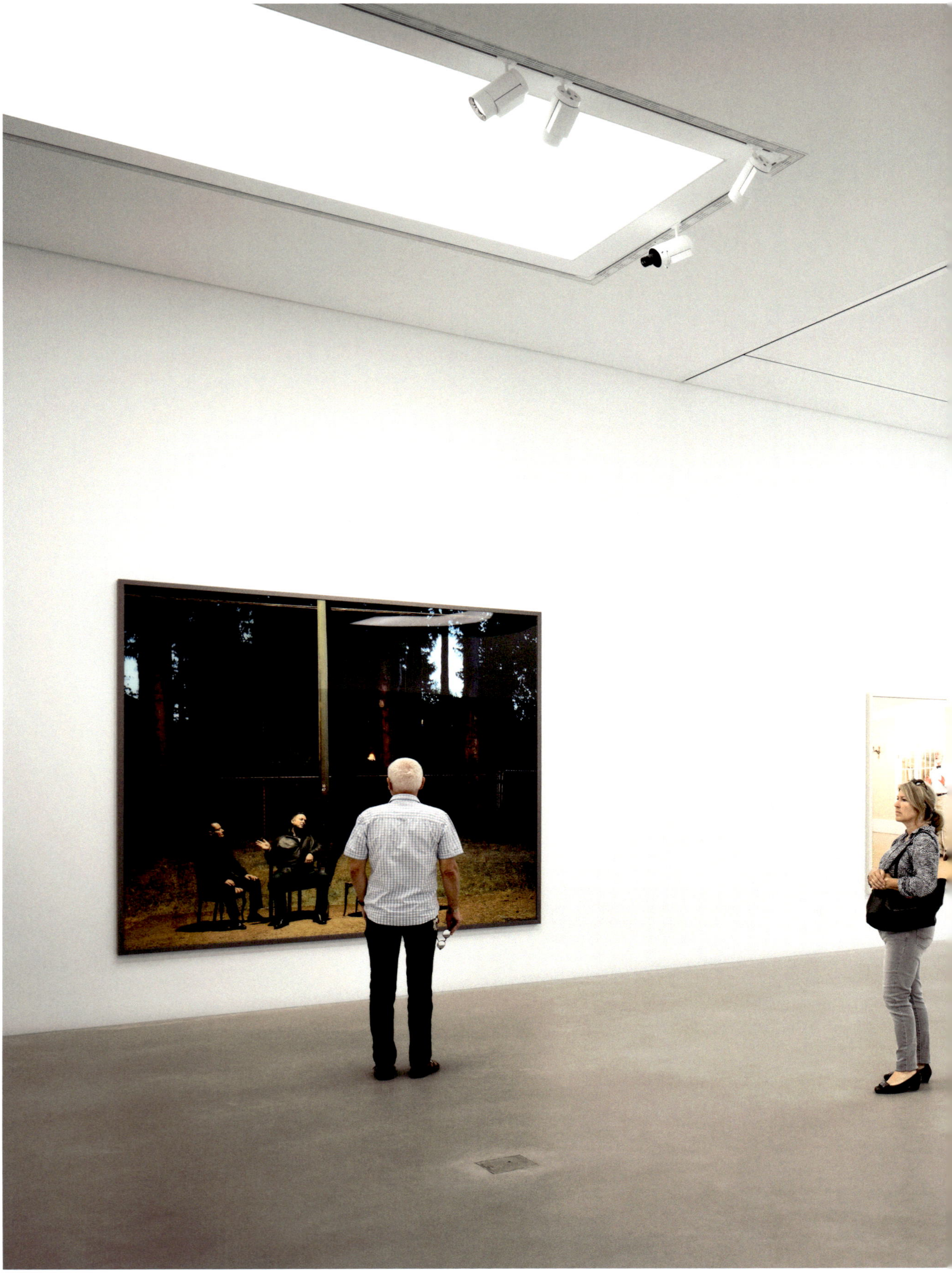

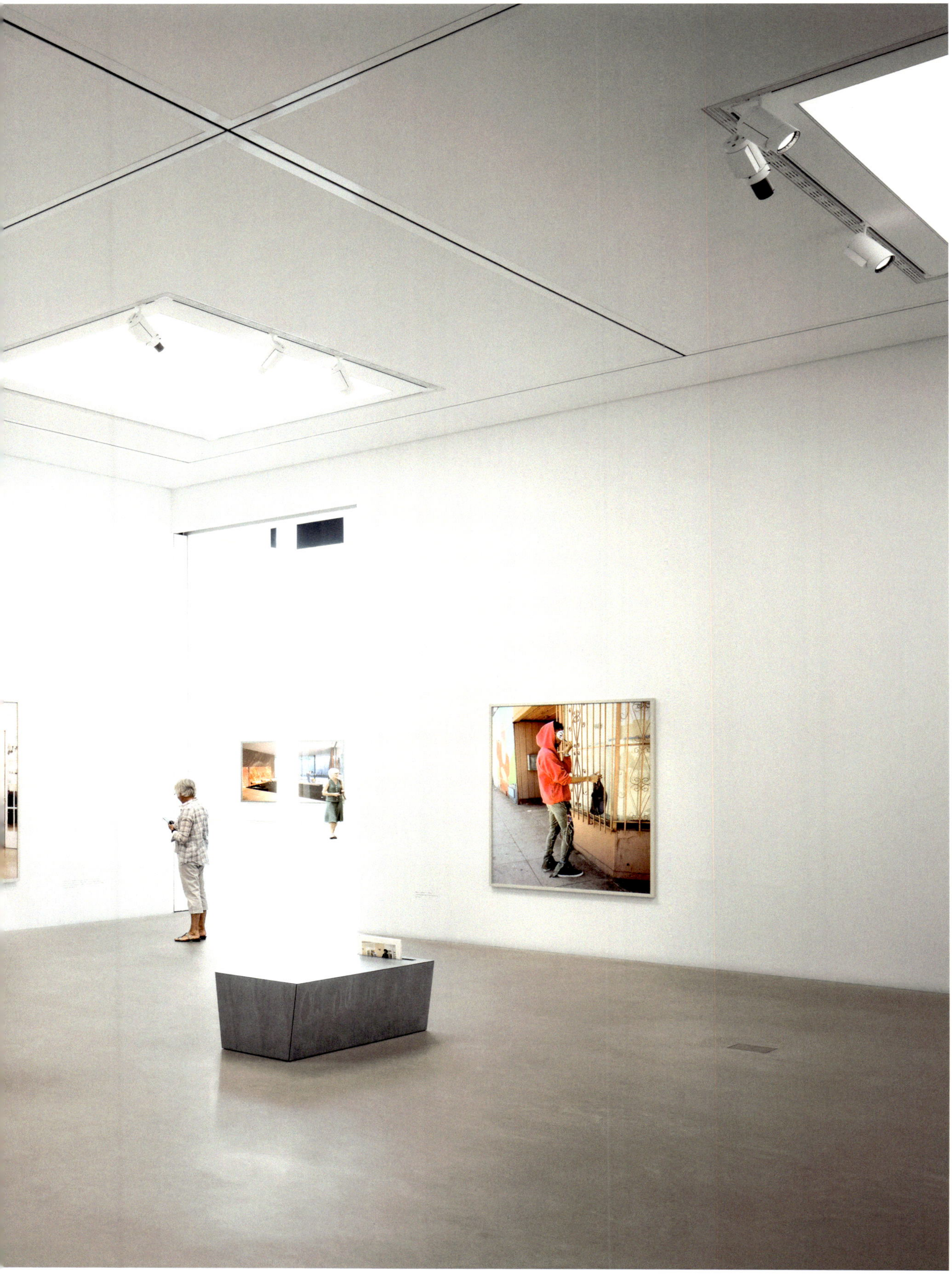

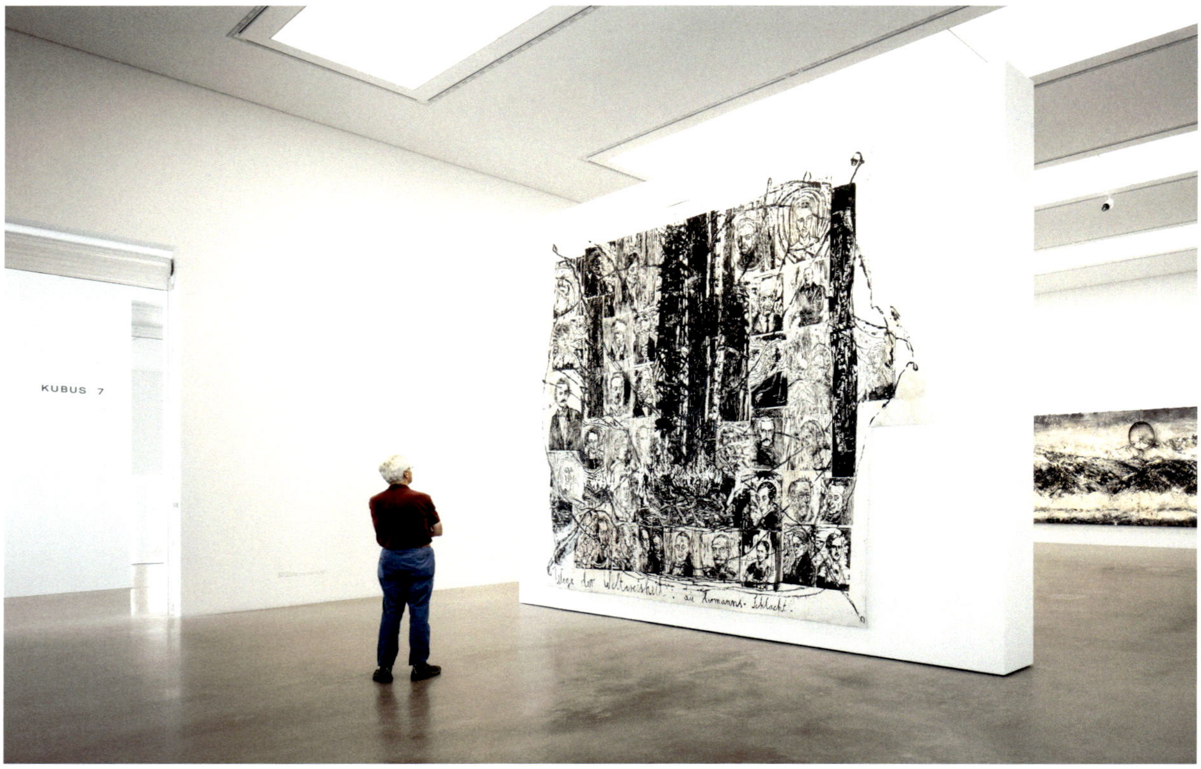

Ausstellungsräume im 2. Obergeschoss
Exhibition spaces on the 2nd floor

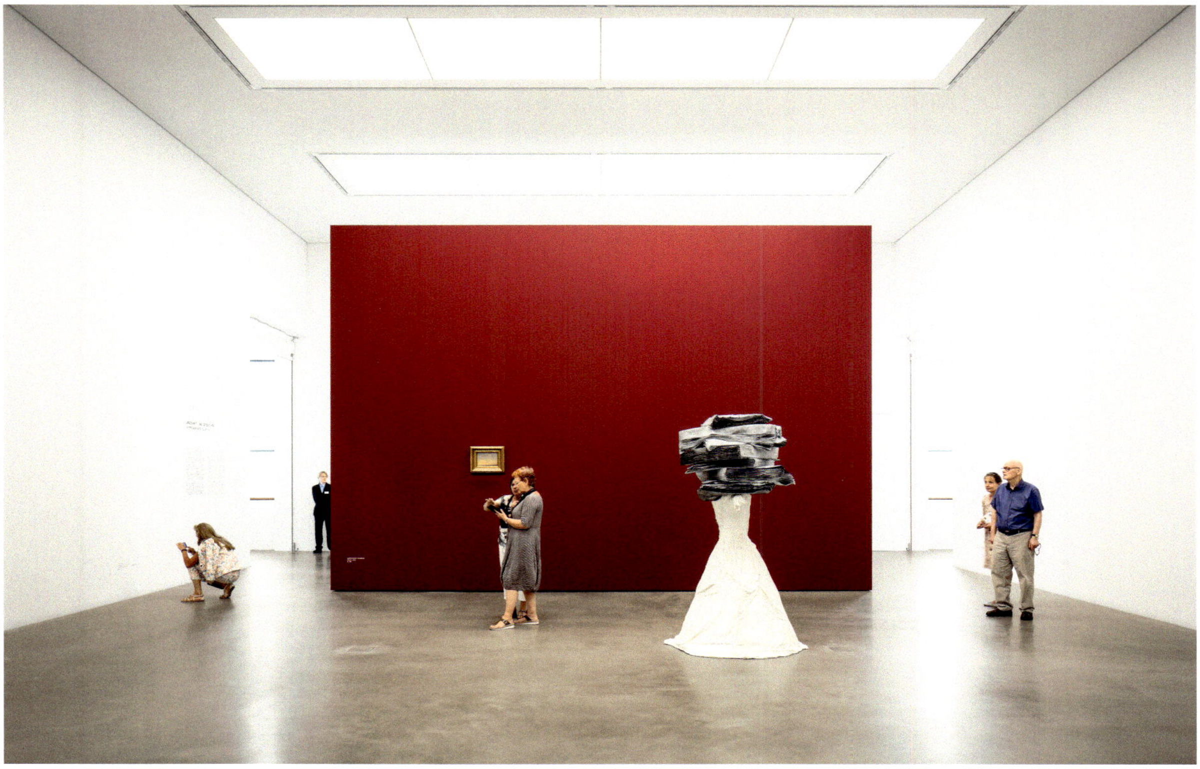

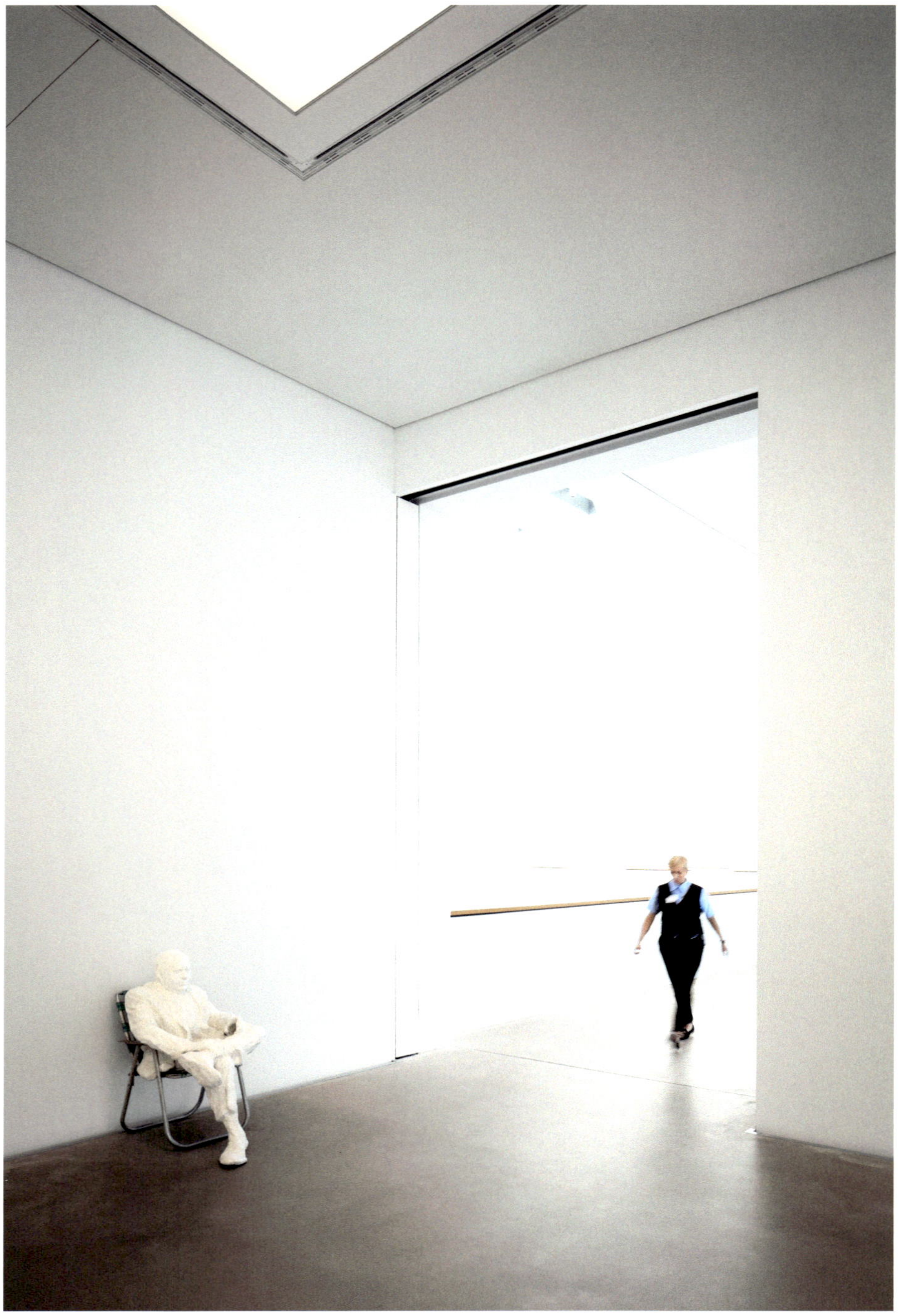

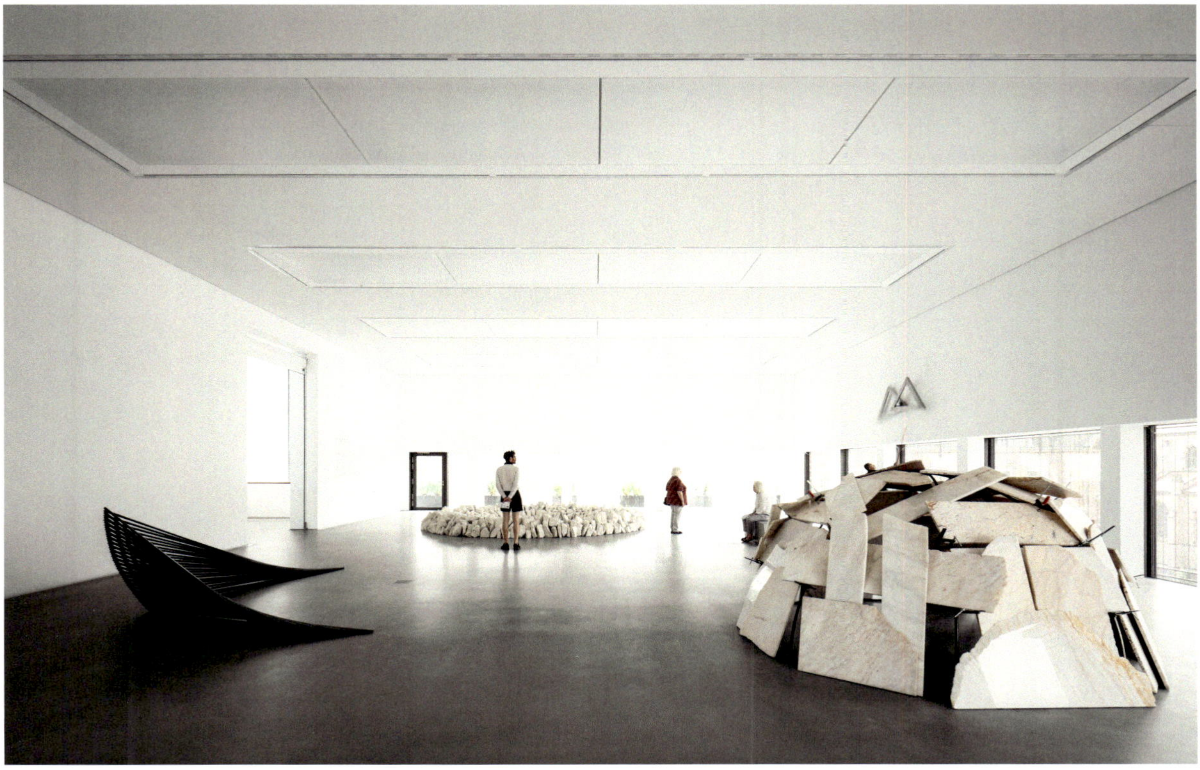

In den Ausstellungskuben können die Kunstwerke bei Tages- oder Kunstlicht gezeigt werden.
In the exhibition cubes, the artworks can be shown with daylight or artificial light.

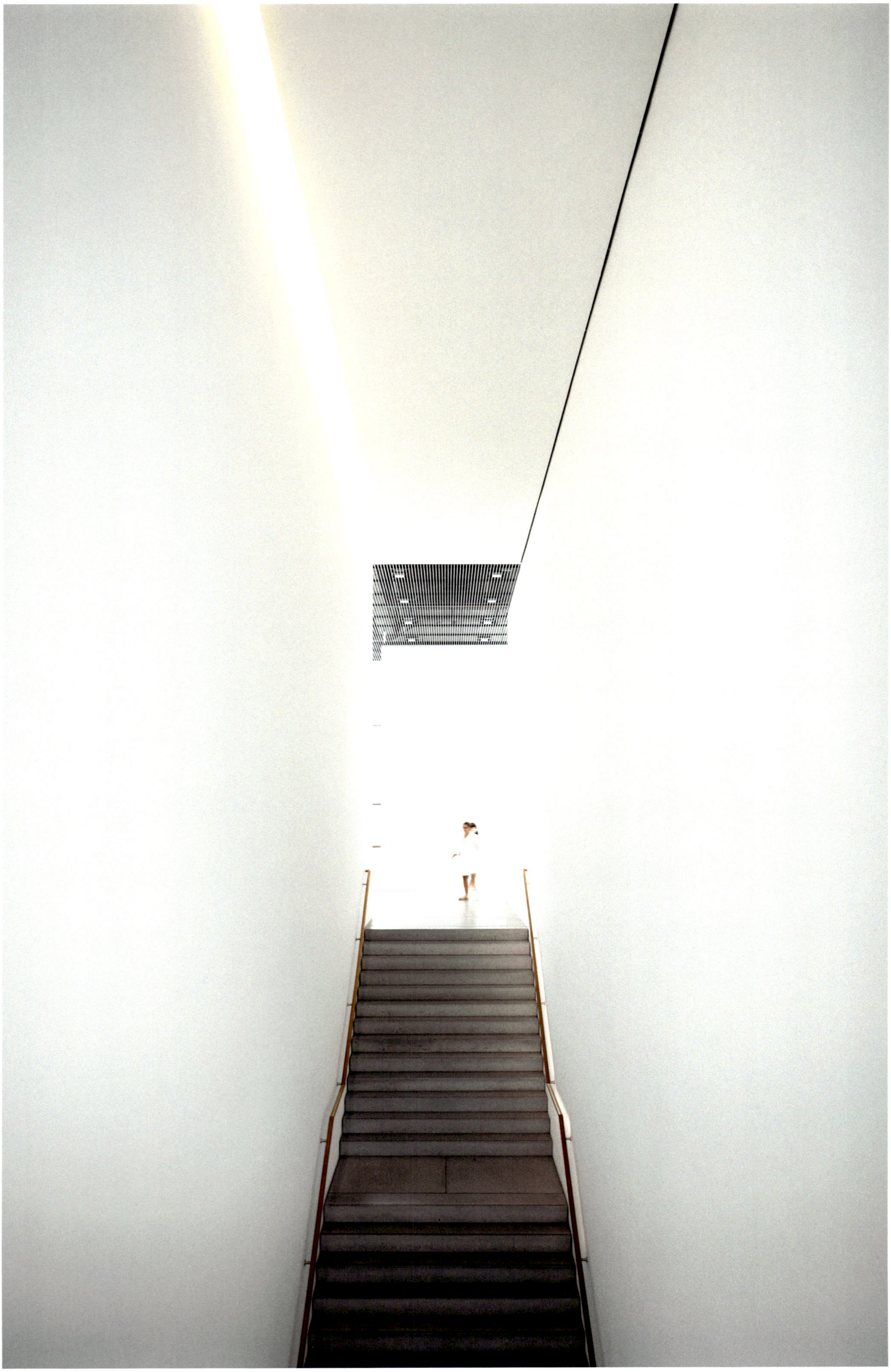

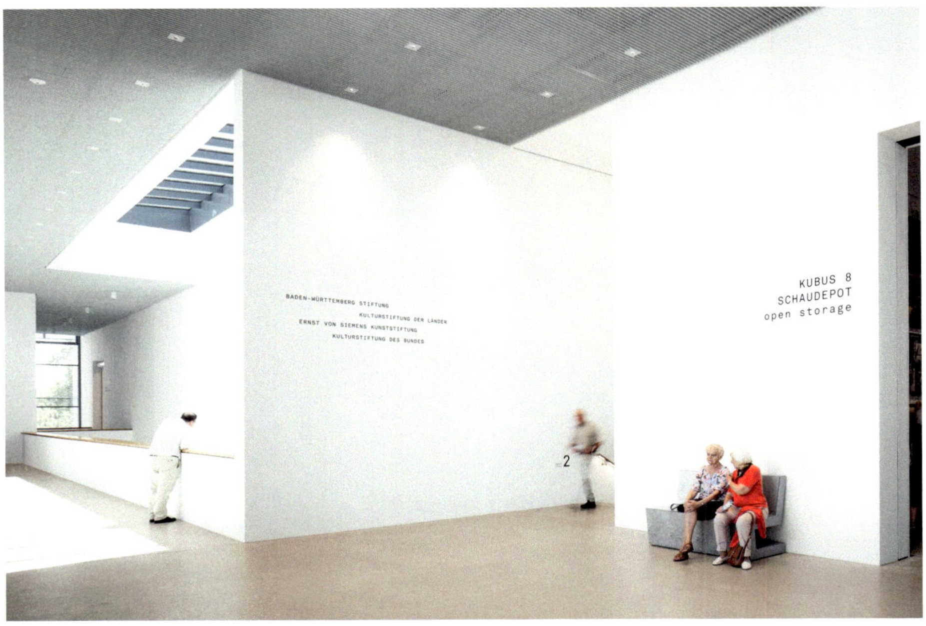
BADEN-WÜRTTEMBERG STIFTUNG
KULTURSTIFTUNG DER LÄNDER
ERNST VON SIEMENS KUNSTSTIFTUNG
KULTURSTIFTUNG DES BUNDES
KUBUS 8
SCHAUDEPOT
open storage
2

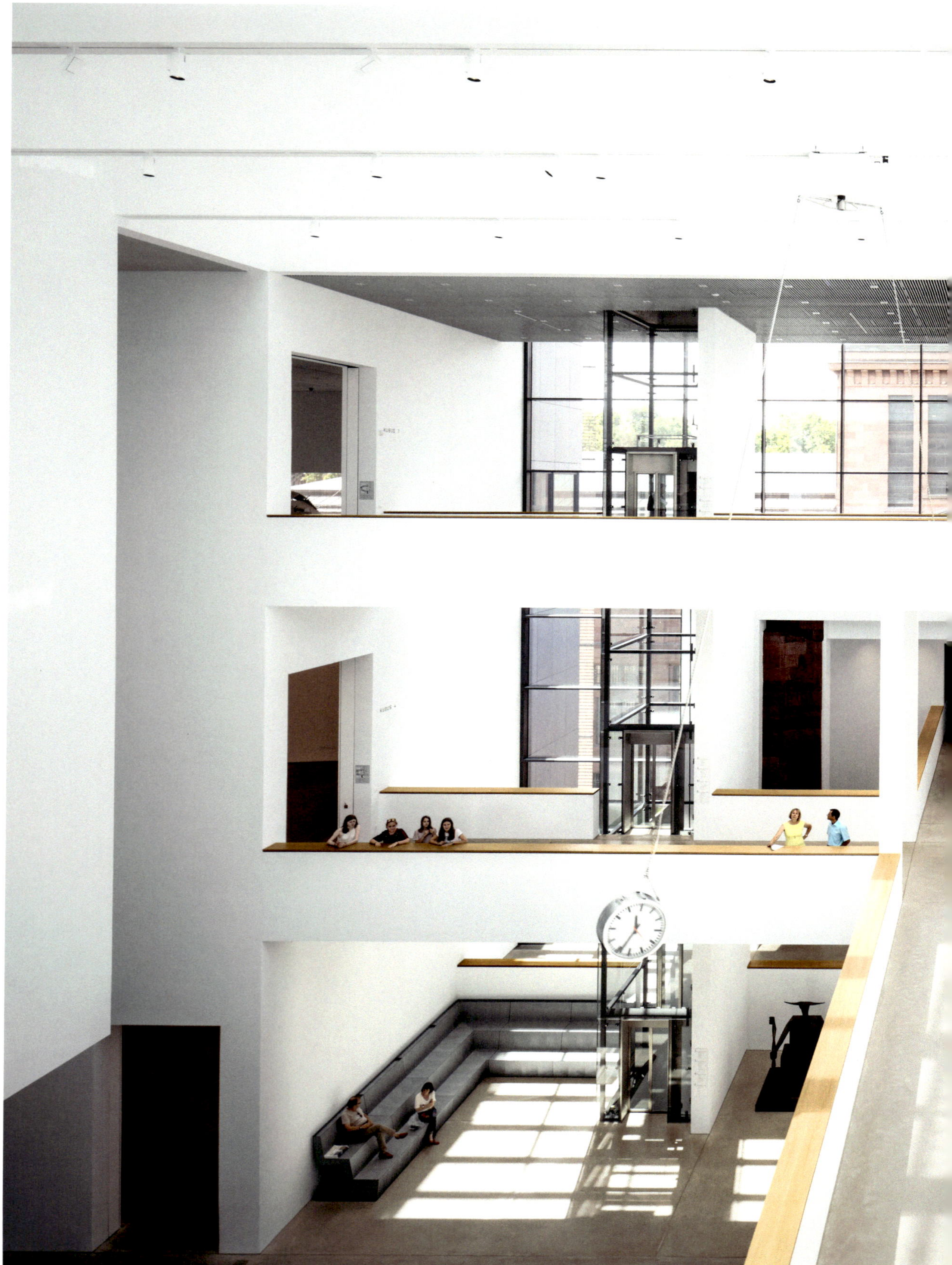

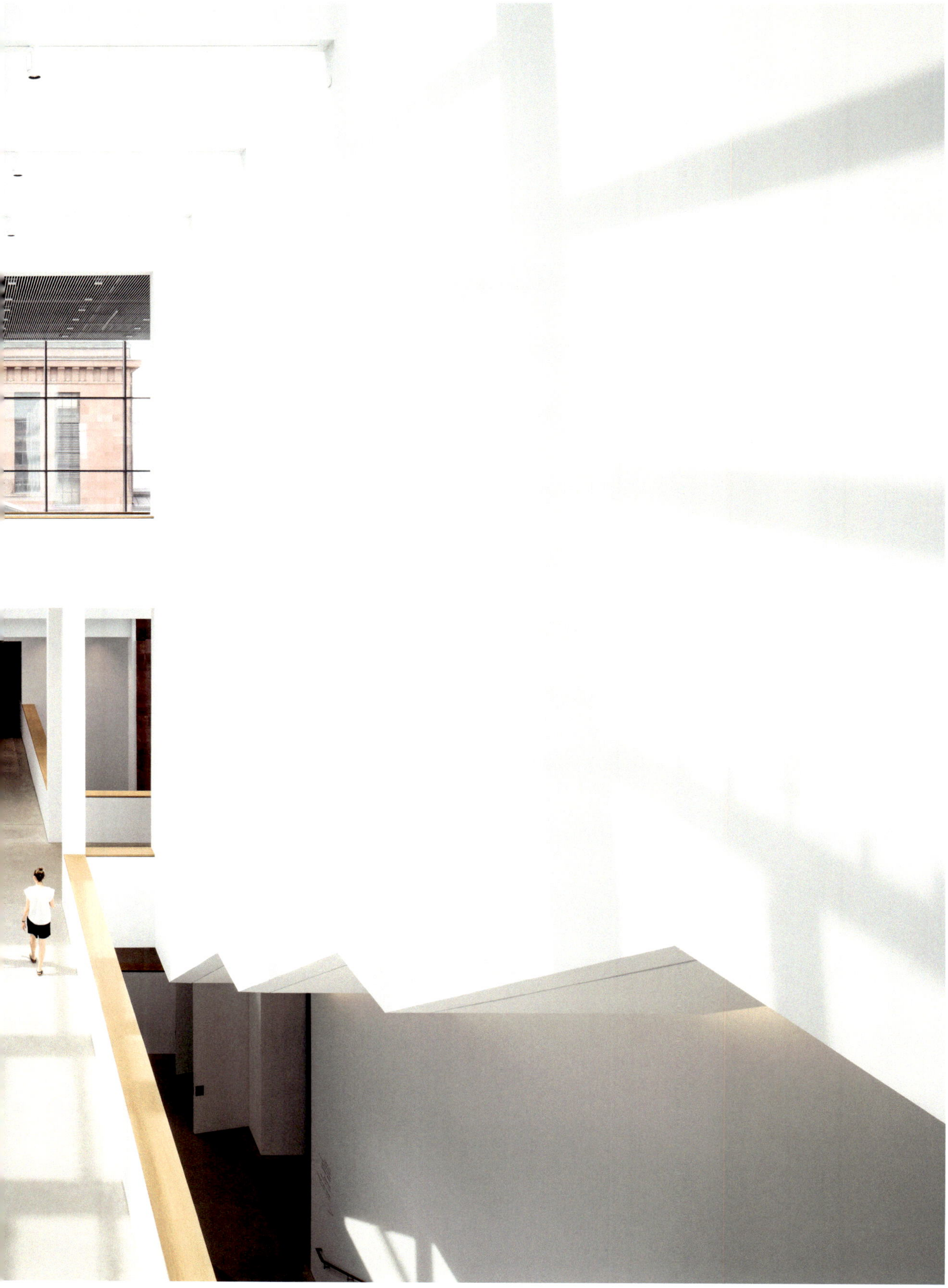

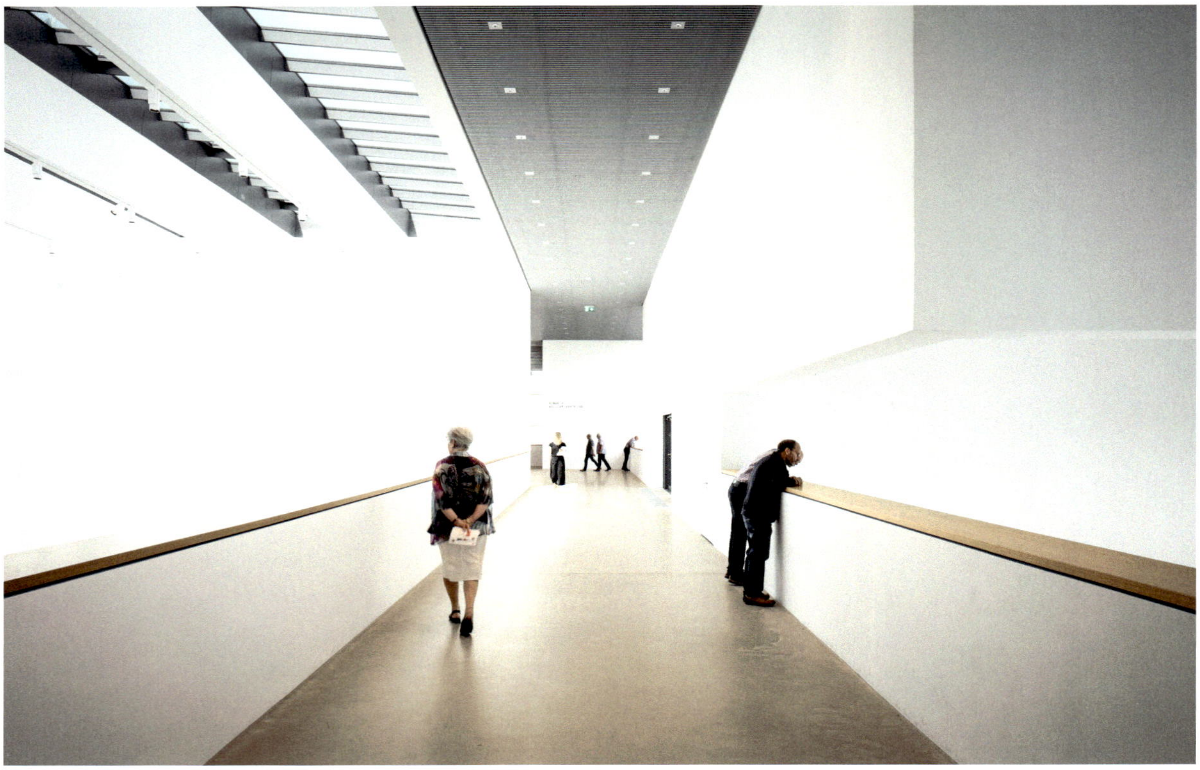

Galerien, Terrassen und Brücken setzen auf dem Rundgang Zäsuren.
Galleries, terraces, and bridges introduce welcome pauses on the circuit.

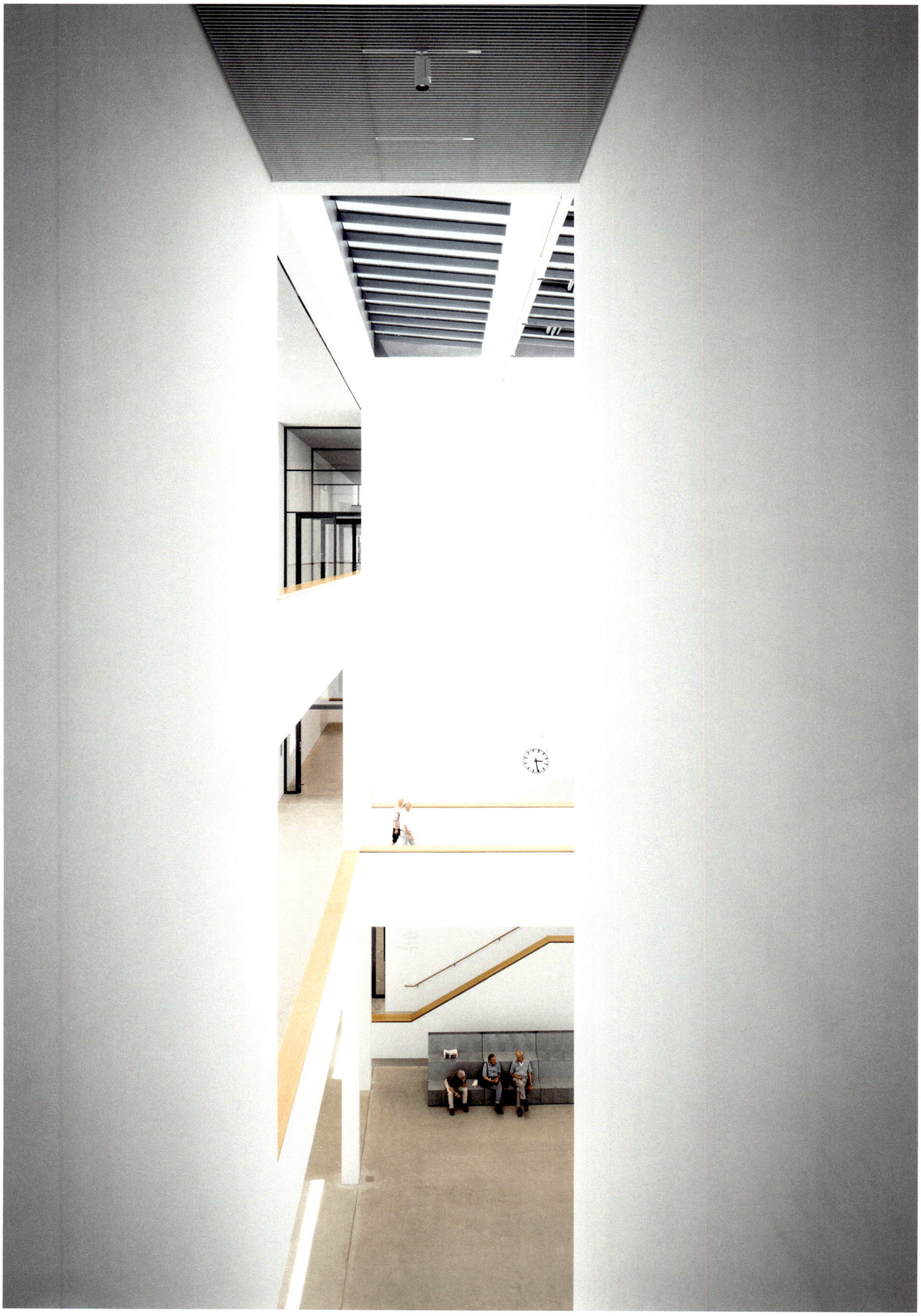

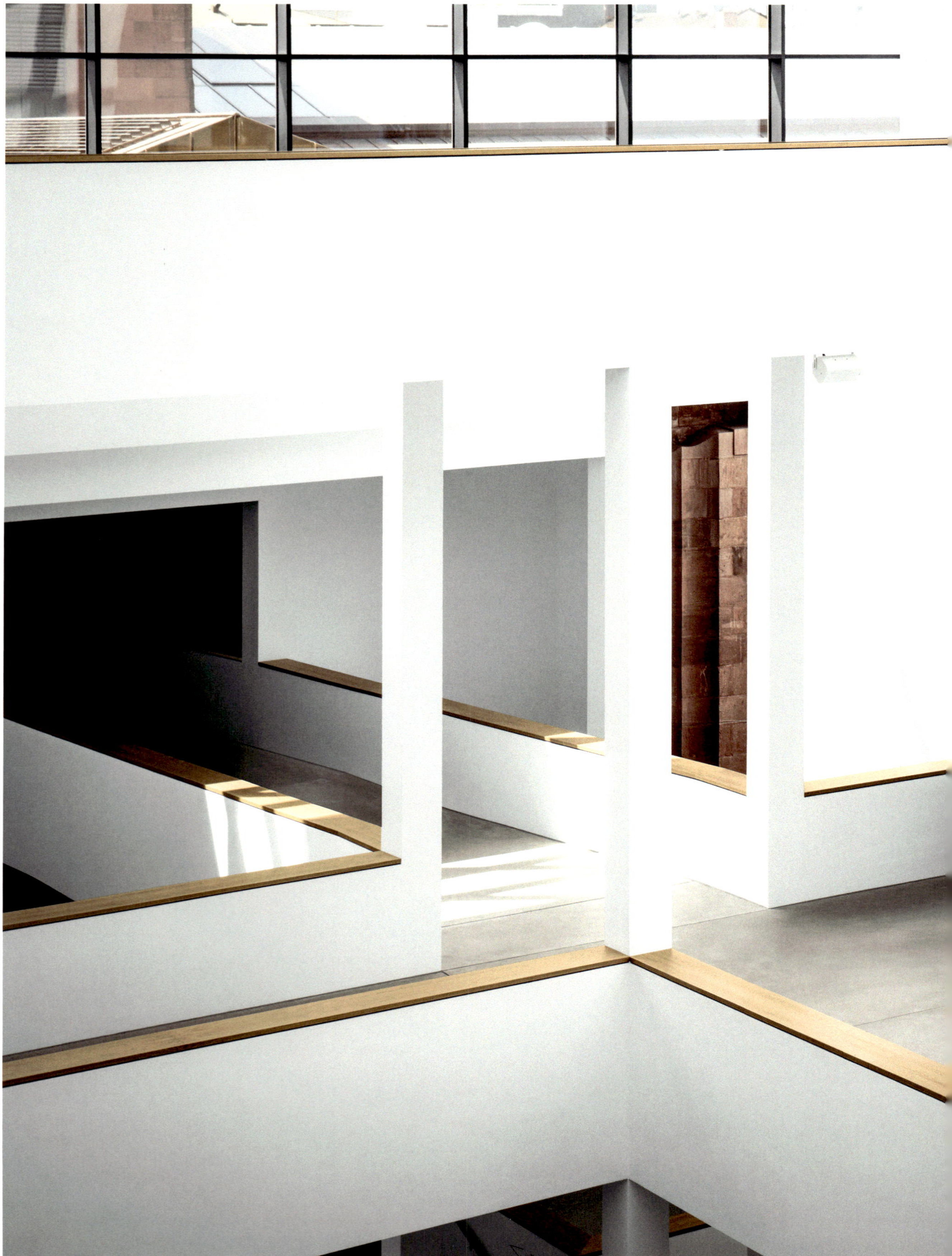

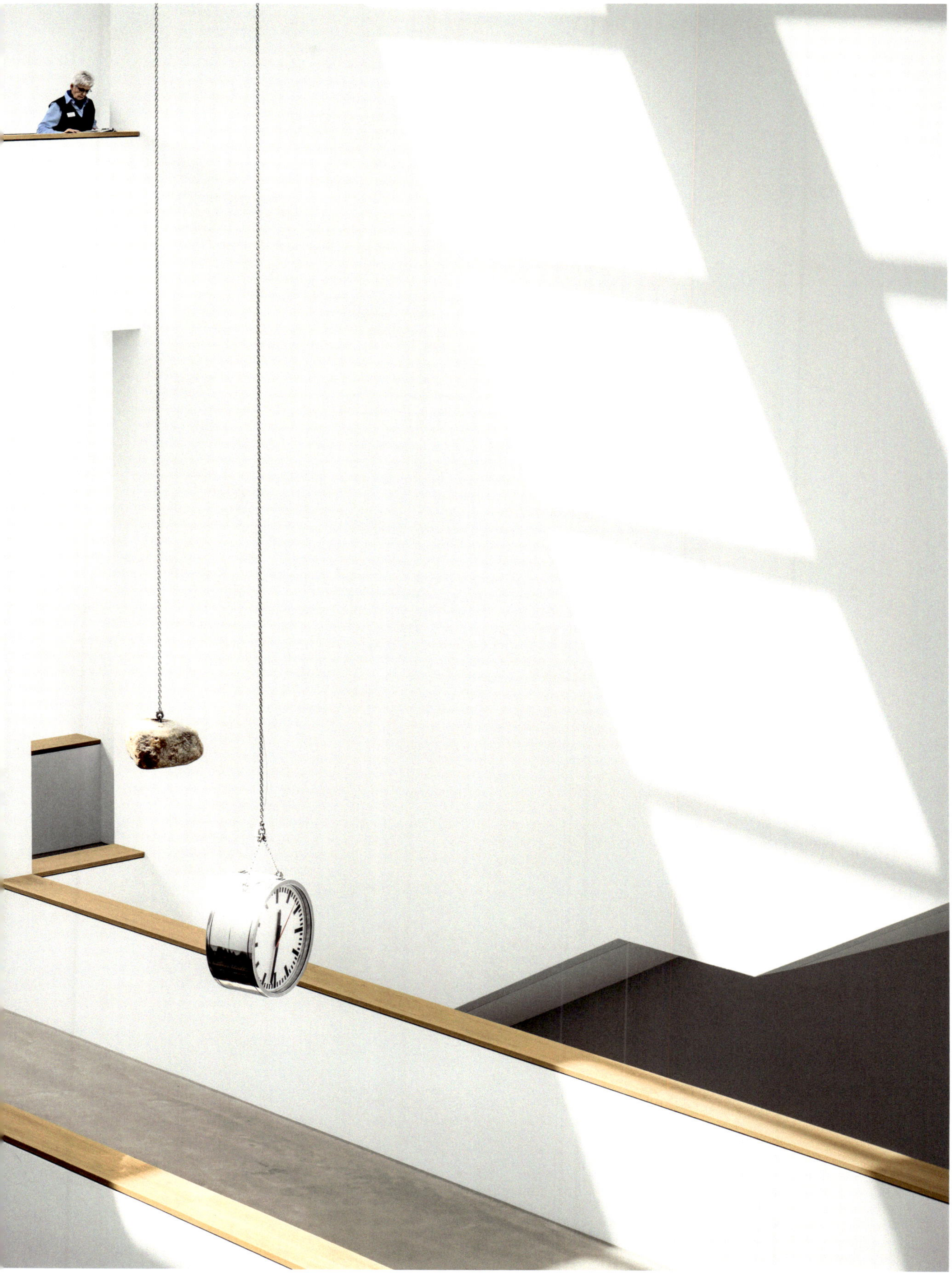

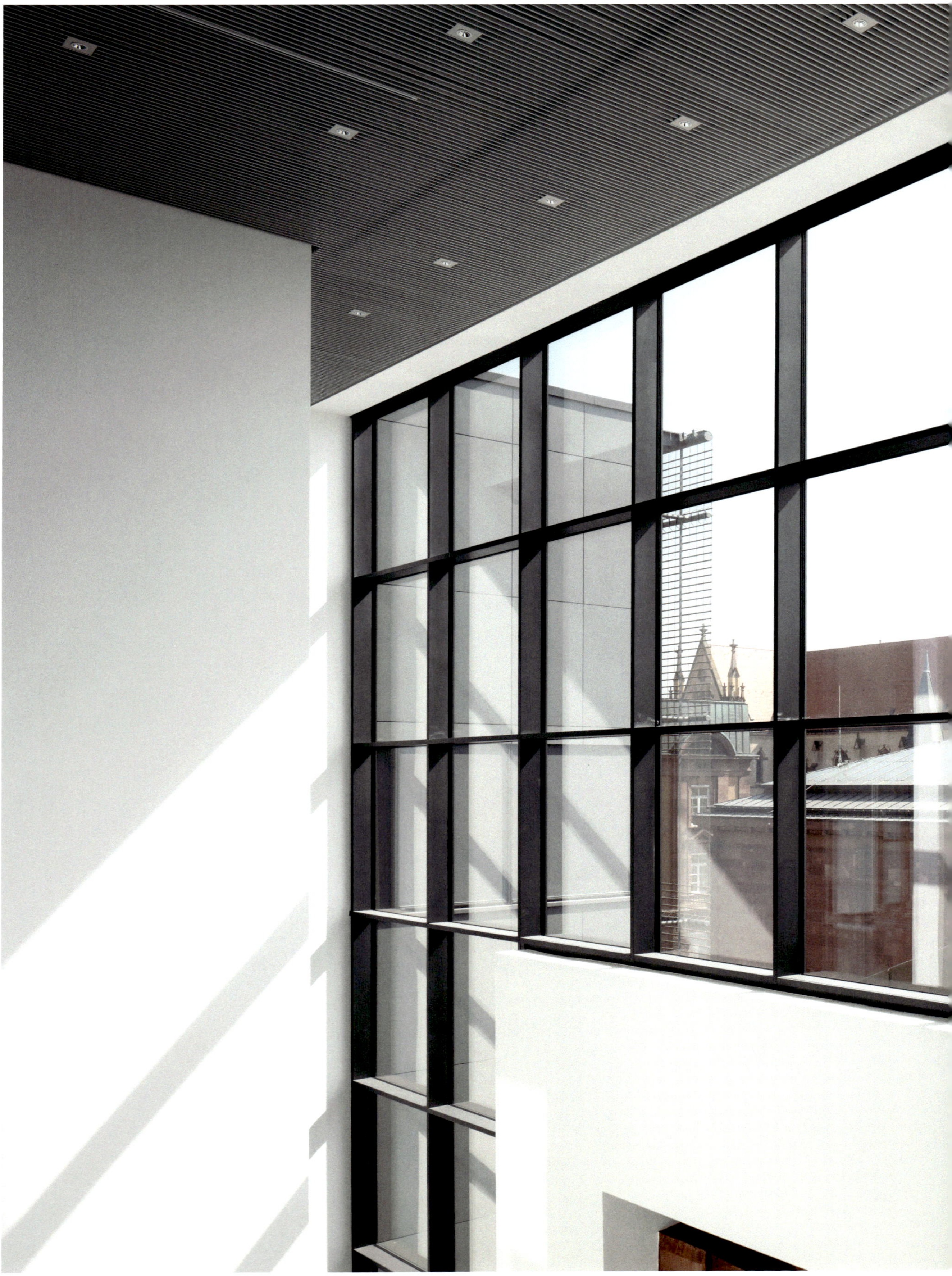

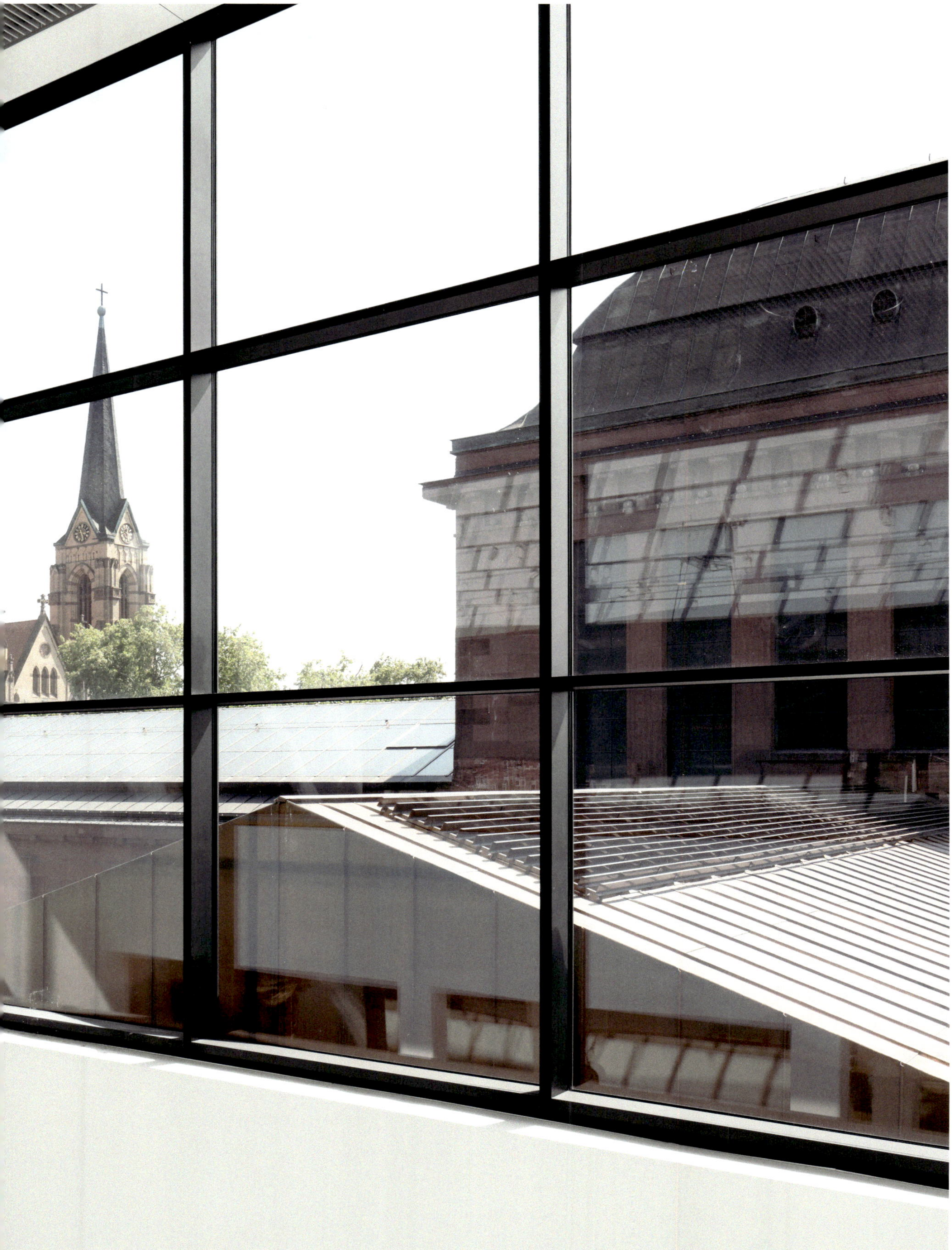

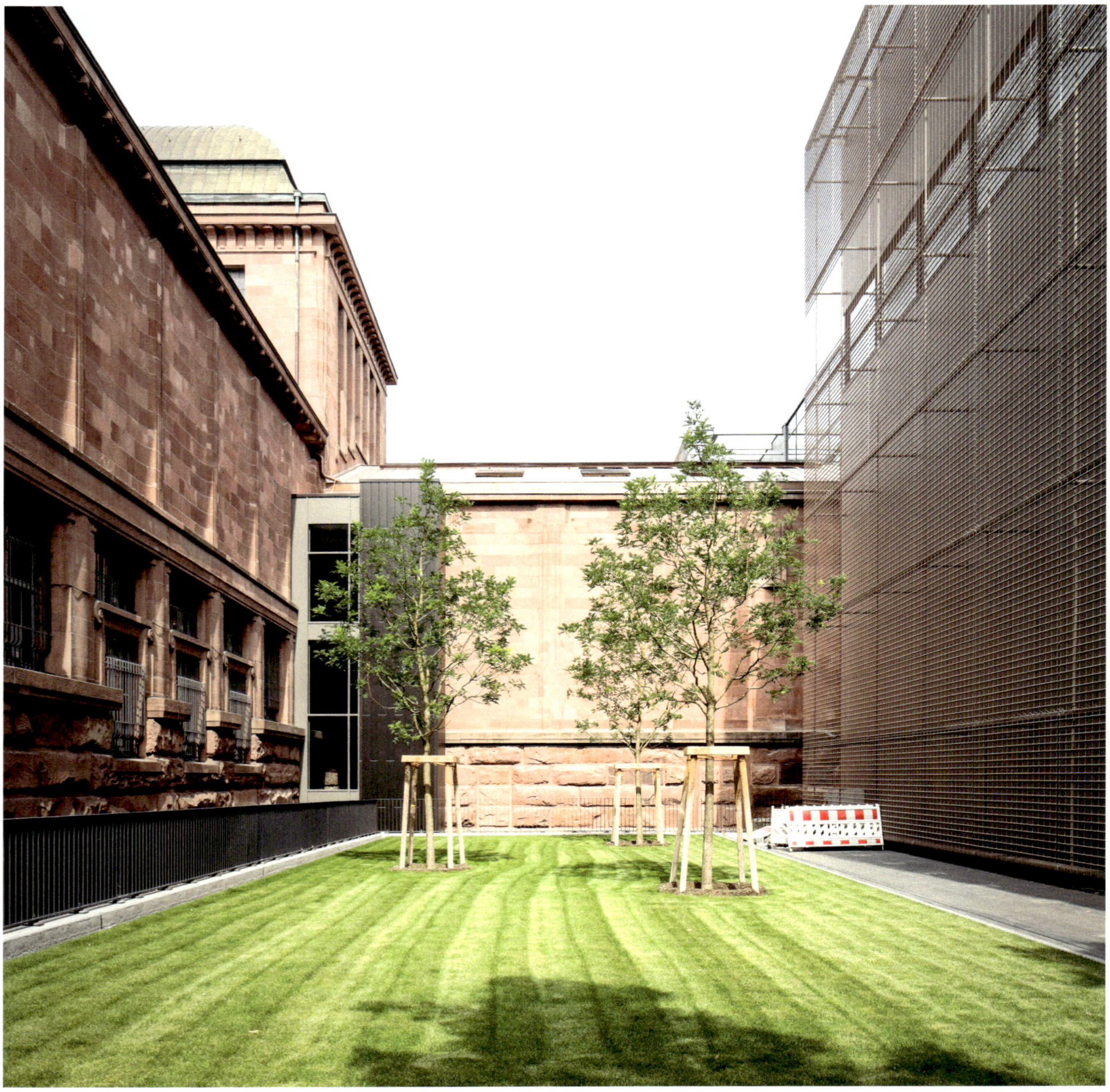

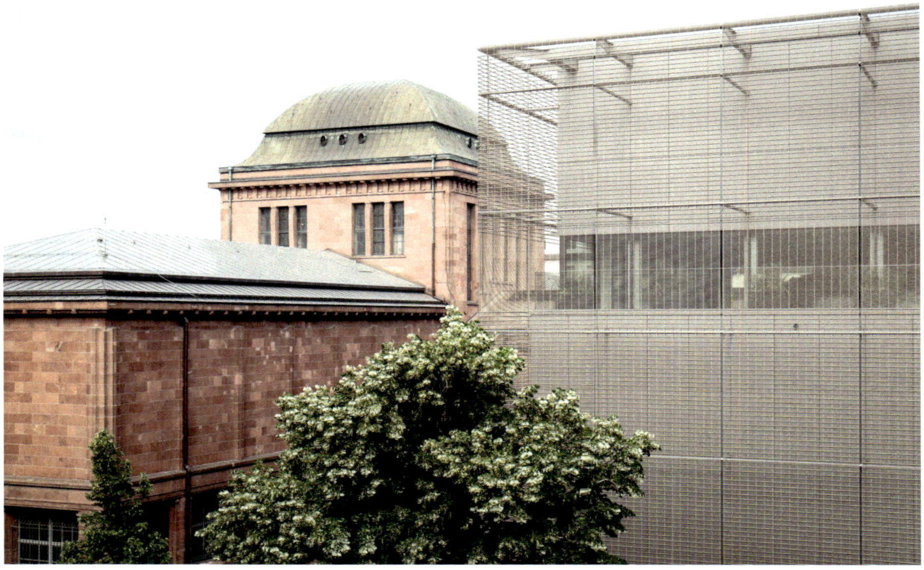

Alt- und Neubau sind durch den Athene-Trakt miteinander verbunden.
The old and new buildings are connected via the Athena wing.

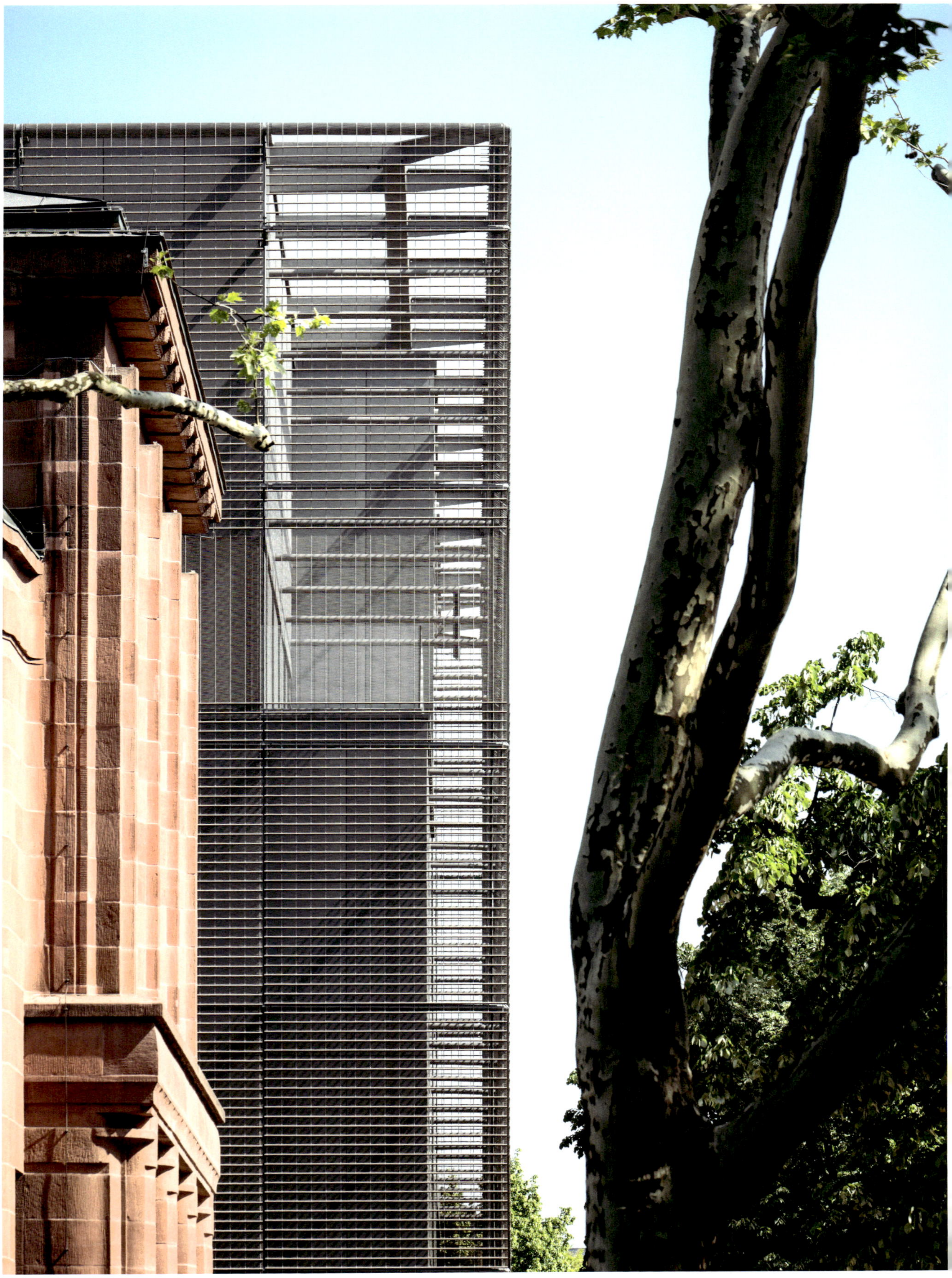

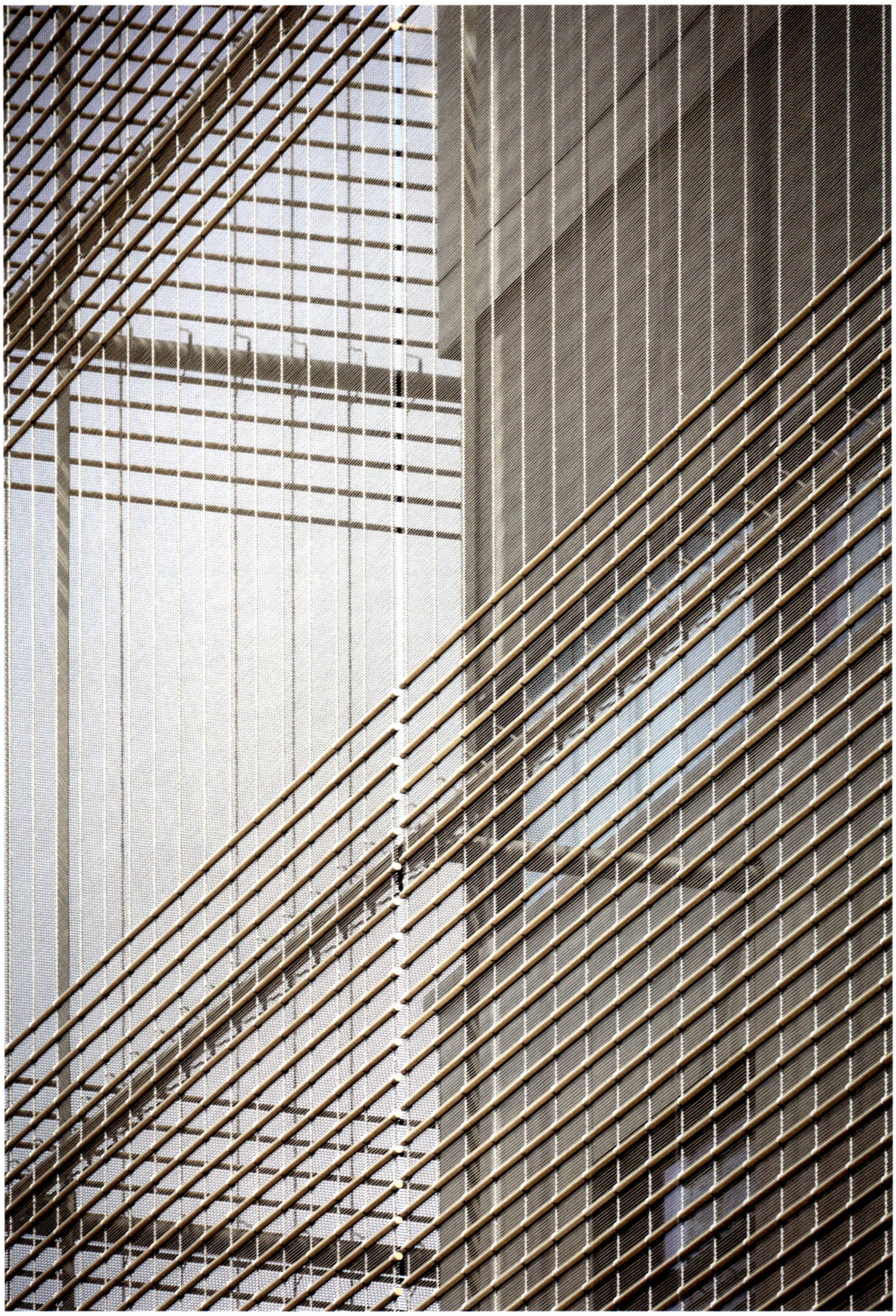

Das Gewebe an der Fassade besteht aus 72 bronzefarben beschichteten Edelstahlpaneelen von unterschiedlicher Transparenz.
The mesh consists of 72 bronze-colored, coated stainless steel panels of differing transparencies.

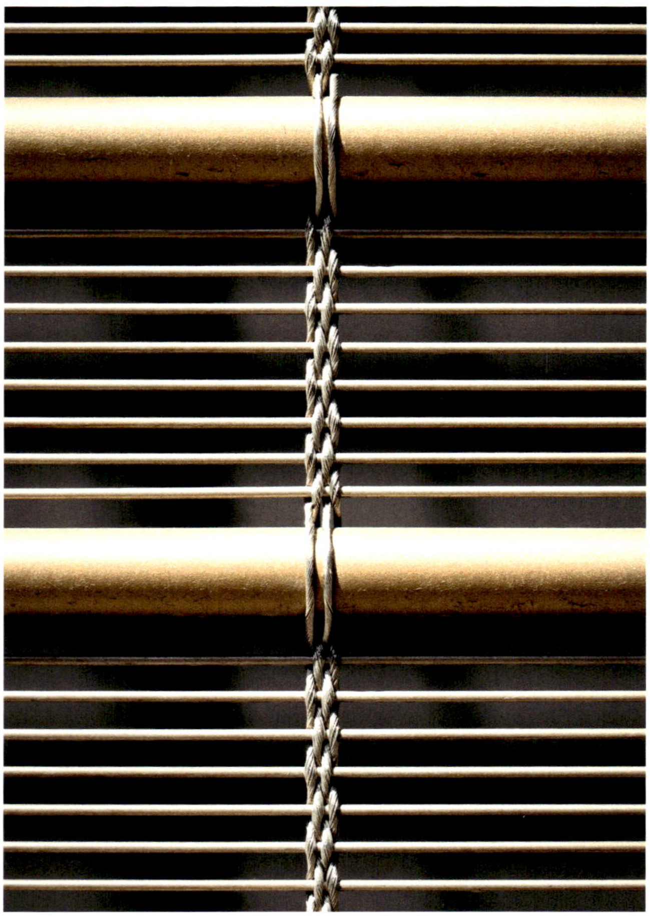

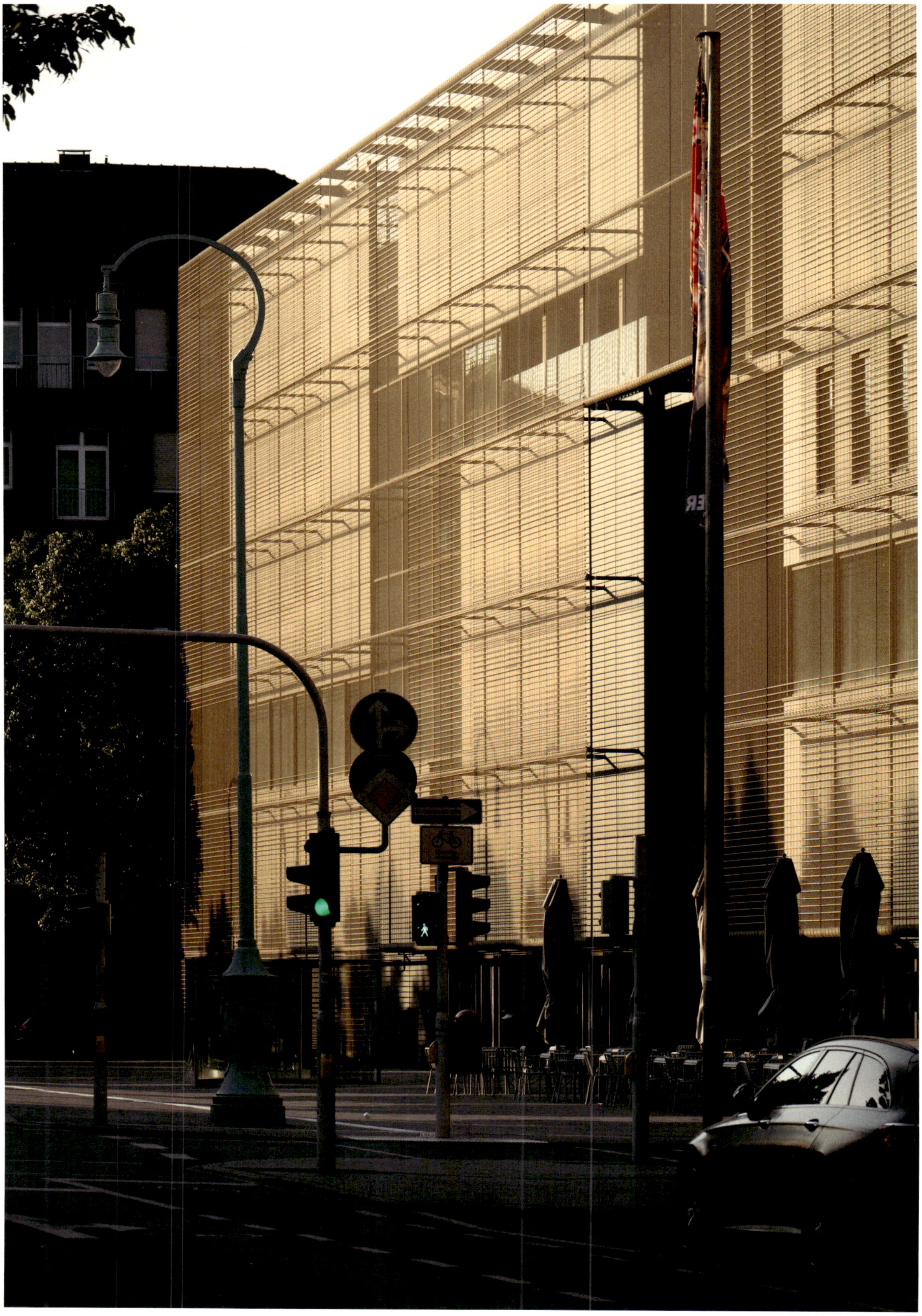

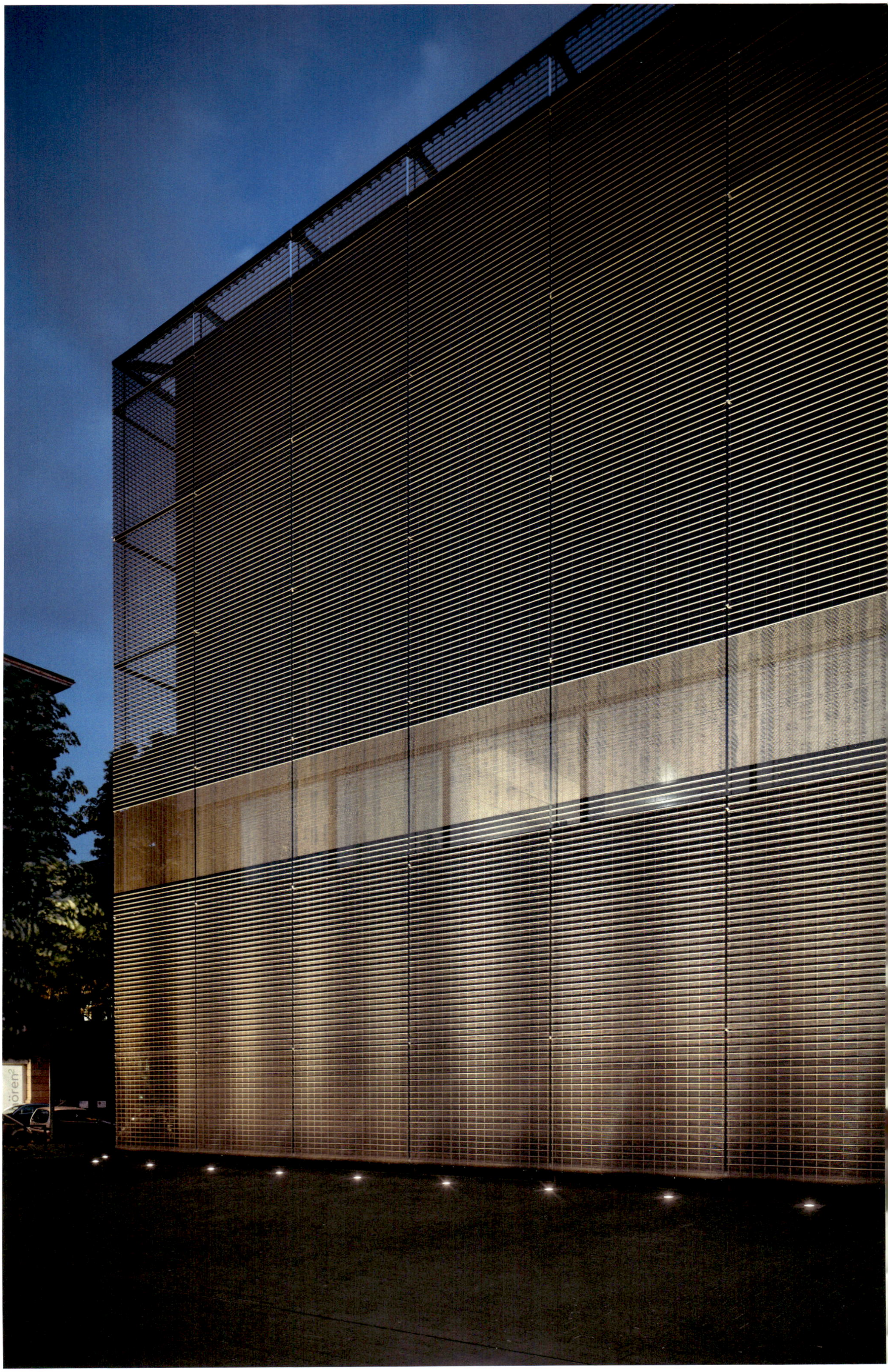

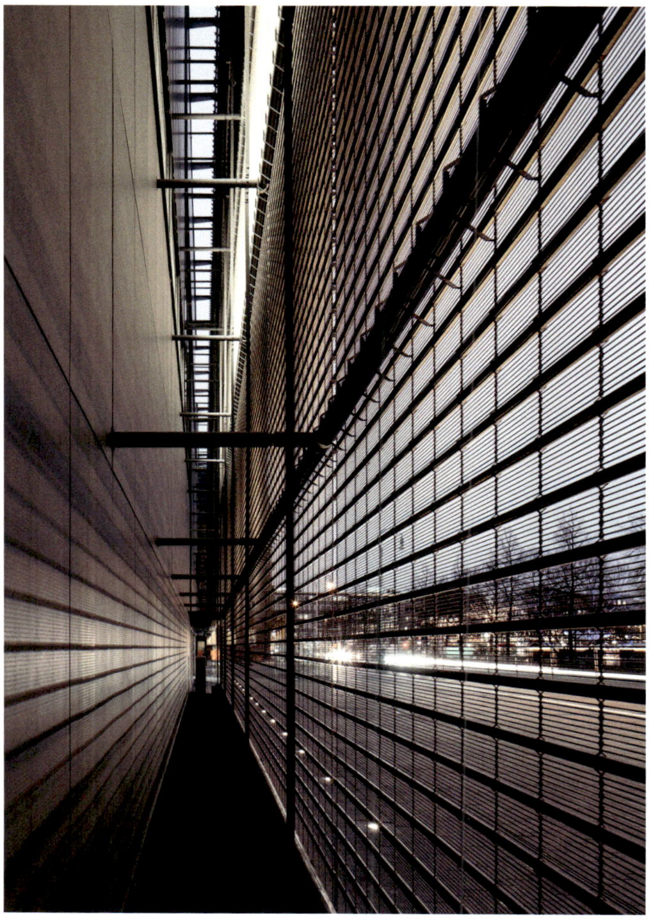

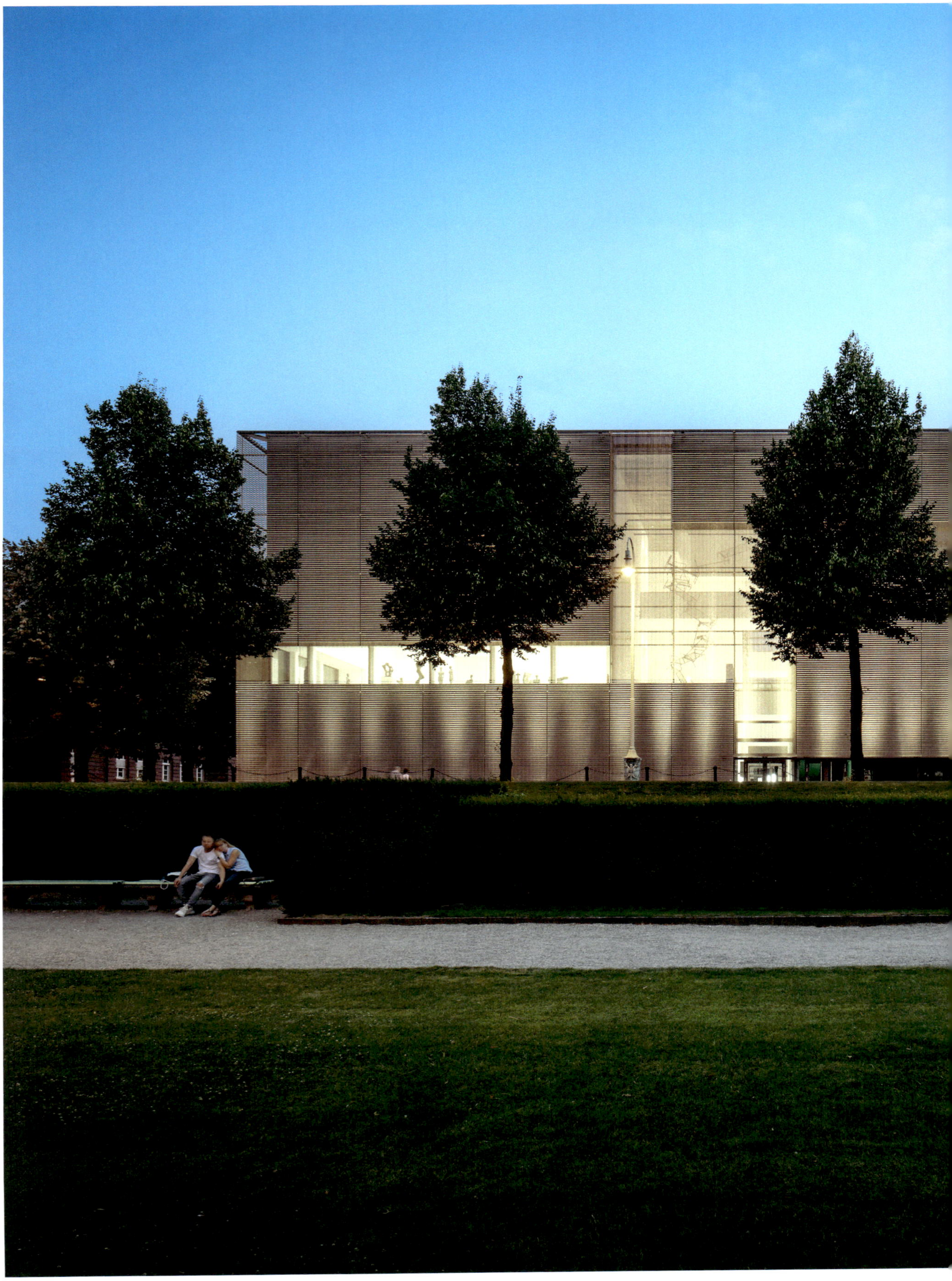

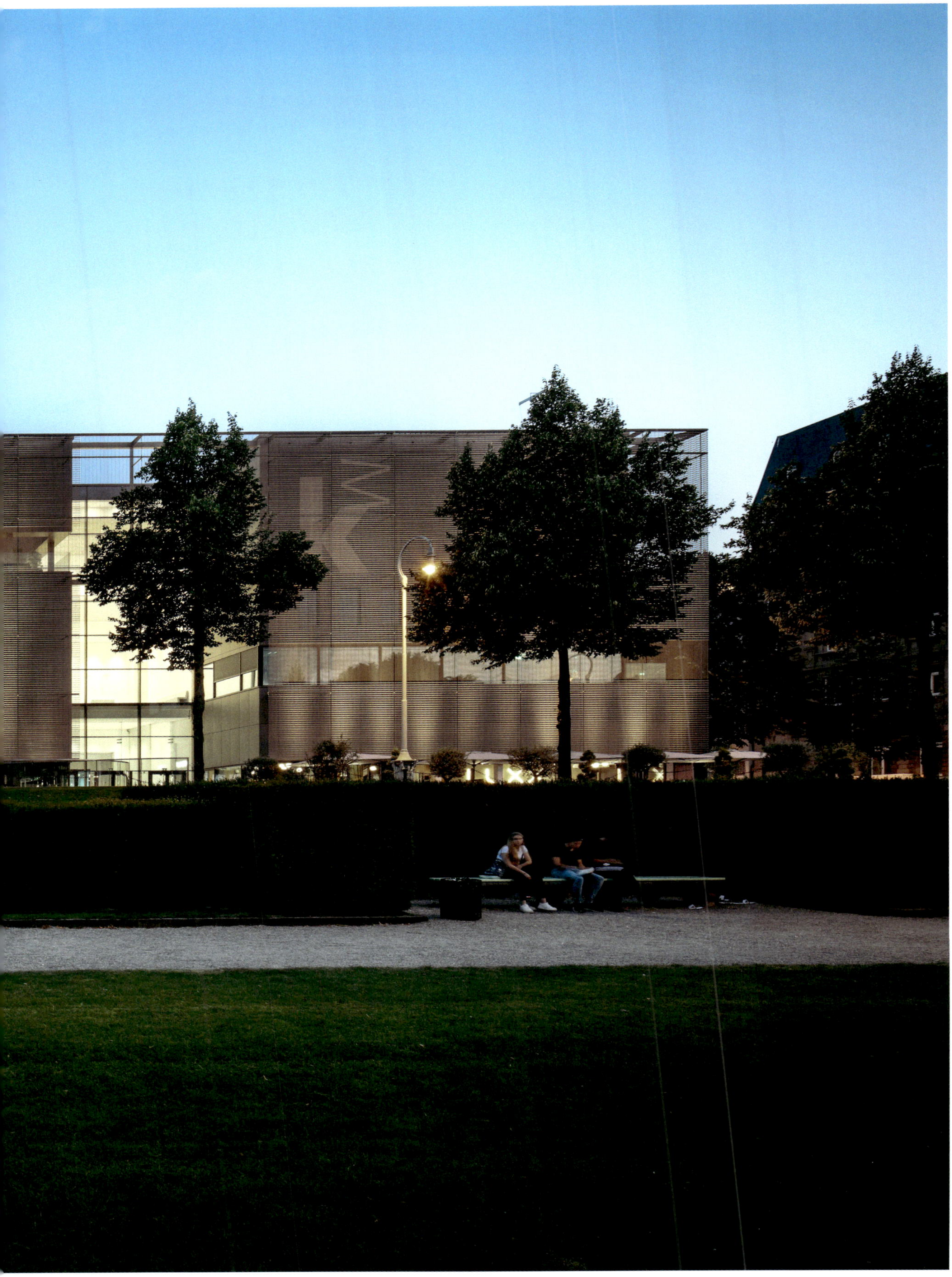

Anhang

Appendix

gmp Entwurfsteam Design Team

Meinhard von Gerkan

Prof. Dr. h. c. mult. Dipl.-Ing. Architekt BDA

geboren 1935 in Riga, Lettland. Gemeinsam mit Volkwin Marg gründete von Gerkan 1965 gmp · Architekten von Gerkan, Marg und Partner. Schon am Beginn seiner Karriere stand mit dem Flughafen Berlin-Tegel ein bedeutendes Projekt, dem bis heute zahlreiche weitere folgten, darunter der Hauptbahnhof Berlin oder die Planung der Stadt Lingang in China. 1974 wurde von Gerkan von der Technischen Universität (TU) Braunschweig auf den Lehrstuhl für Entwerfen berufen, 2005 erhielt er die Ehrendoktorwürde durch die Chung Yuan Christian University in Chung Li (Taiwan). Das East China Normal University College of Design in Shanghai verlieh von Gerkan 2007 eine Ehrenprofessur, 2014 ernannte ihn die Tongji University in Shanghai zum Advising Professor. Von Gerkan ist Mitbegründer der gmp-Stiftung und der aac (Academy for Architectural Culture) zur Förderung junger Architekten. Er ist Mitglied der Freien Akademie der Künste in Hamburg und hat zahlreiche Auszeichnungen erhalten, darunter den Fritz-Schumacher-Preis, den Rumänischen Staatspreis, den Großen Preis des Bundes Deutscher Architekten und das Bundesverdienstkreuz.

Born in 1935 in Riga, Latvia, von Gerkan founded gmp · von Gerkan, Marg and Partners Architects with Volkwin Marg in 1965. The beginning of his career was marked by an important project—Berlin Tegel Airport—which has been followed by many others to this day, including Berlin Central Station and the design of Lingang New City, China. In 1974, von Gerkan was appointed to the Chair for Design by Technical University (TU) Braunschweig and in 2005 he was awarded an honorary doctorate by Chung Yuan Christian University in Chung Li, Taiwan. The East China Normal University College of Design in Shanghai awarded von Gerkan an honorary professorship in 2007, and Tongji University in Shanghai appointed him Advising Professor in 2014. He is one of the co-founders of the gmp Foundation and the Academy for Architectural Culture (aac), which works to promote young architects. Von Gerkan is a member of the Freie Akademie der Künste in Hamburg and has received numerous awards, such as the Fritz Schumacher Prize, the Romanian State Prize, the Association of German Architects Grand Award, and Germany's Federal Cross of Merit.

Nikolaus Goetze

Dipl.-Ing. Architekt

geboren 1958 in Krefeld. 1987 schloss er sein Studium an der RWTH Aachen mit dem Diplom ab. Ein DAAD-Stipendium führte ihn 1985 in die Meisterklasse von Prof. W. Holzbauer, Hochschule für angewandte Künste, Wien. Seit mehr als dreißig Jahren ist er als Architekt im Büro gmp · von Gerkan, Marg und Partner tätig, seit 1998 als Partner. Nikolaus Goetze ist unter anderem verantwortlich für die Großprojekte Grand Theater Chongqing, China, die Masterplanung für Lingang New City, China, und das dortige Maritim Museum, das Hanoi Museum sowie das Deutsche Haus in Ho-Chi-Minh-Stadt, Vietnam. Renommierte Projekte in Deutschland neben dem Neubau für die Kunsthalle Mannheim sind unter anderem das Designzentrum für Audi in Ingolstadt und die Erweiterung des Flughafens Hamburg. Als Mitinitiator der Academy for Architectural Culture (aac) ist er maßgeblich an der Veranstaltung von Workshops beteiligt, von denen mehrere unter seiner Leitung stattfanden.

Born in 1958 in Krefeld, Germany, Goetze graduated from RWTH Aachen, completing his diploma in 1987. A DAAD grant enabled him to attend the master class of Prof. W. Holzbauer at the University of Applied Arts in Vienna in 1985. He has been working as an architect for gmp · von Gerkan, Marg and Partners for more than thirty years, becoming a partner in 1998. Nikolaus Goetze is responsible for the following large projects, among others: the Grand Theater in Chongqing, China, the masterplan and Maritime Museum for Lingang New City, China, the Hanoi Museum, and the "German House" in Ho Chi Minh City, Vietnam. In addition to the new Kunsthalle Mannheim building, prestigious projects in Germany include the Design Center for Audi in Ingolstadt and the extension of Hamburg Airport. As co-initiator of the Academy for Architectural Culture (aac) he plays a significant role in workshops organized by the aac, of which he has led a number to date.

Volkmar Sievers
Dipl.-Ing. Architekt

geboren 1958 in Bad Segeberg. Sievers studierte Architektur an der TU in Braunschweig und kam 1988 zu gmp · Architekten von Gerkan, Marg und Partner, wo er seit 2009 assoziierter Partner ist. Er hat als Projektleiter zahlreiche Projekte realisiert, unter anderem die Nordseepassage in Wilhelmshaven oder die Dresdner Bank am Pariser Platz in Berlin, die China Mobile South Base in Guangzhou, das Grand Theater in Chongqing, das Deutsche Haus in Ho-Chi-Minh-Stadt oder die Kunsthalle Mannheim. Aktuell arbeitet er unter anderem an der Europazentrale der Olympus AG in Hamburg, an der MesseCity Köln, dem Headquarter der Firma Hengdian in Hangzhou und der neuen Messe in Xi'an, China.

Born in 1958 in Bad Segeberg, Germany, Sievers studied architecture at TU Braunschweig and joined gmp · von Gerkan, Marg und Partners Architects in 1988, where he has been an associate partner since 2009. In the role of project manager, he has completed numerous projects, such as the Nordseepassage shopping arcade in Wilhelmshaven, the Dresdner Bank at Pariser Platz in Berlin, the China Mobile South Base in Guangzhou, the Grand Theater in Chongqing, the "German House" in Ho Chi Minh City, and Kunsthalle Mannheim. Current projects include the European headquarters of Olympus AG in Hamburg, MesseCity Cologne, the headquarters of the Hengdian Group in Hangzhou, and the Xi'an Trade Fair, both in China.

Projektleitung
Project Management

Liselotte Knall
Dipl.-Ing. Architektin

geboren 1976 in Bukarest, Rumänien. Liselotte Knall schloss 2005 ihr Architekturstudium an der Fachhochschule Bochum mit dem Diplom ab und kam 2011 zu gmp · Architekten von Gerkan, Marg und Partner. Unter ihrer Projektleitung wurden der Umbau und die Sanierung des Campus Rainvilleterrasse sowie der Neubau und die Sanierung der Kunsthalle Mannheim realisiert. Derzeit bearbeitet sie den Bau der neuen Konzernzentrale der Firma Olympus in Hamburg sowie den Umbau und die Erweiterung der Pier Süd am Flughafen Hamburg.

Born in 1976 in Bucharest, Romania, Liselotte Knall earned her architectural degree from Bochum University of Applied Sciences in 2005 and joined gmp · von Gerkan, Marg and Partners Architects in 2011. She was project manager for the renovation and restoration of Campus Rainvilleterrasse as well as the new construction and renovation of Kunsthalle Mannheim. She is currently working on the construction of the new corporate headquarters for Olympus in Hamburg as well as the renovation and expansion of the South Pier at Hamburg Airport.

Autoren und Fotografen Authors and Photographers

Jürgen Tietz
Dr., Architekturkritiker und Publizist
Architecture critic and publicist

studierte Kunstgeschichte, Klassische Archäologie sowie Ur- und Frühgeschichte. Seitdem arbeitet er als freiberuflicher Journalist zu den Themen Architektur und Denkmalpflege. Tietz veröffentlicht regelmäßig in der *Neuen Zürcher Zeitung* und in Architekturzeitschriften wie der *Deutschen Bauzeitung*. Daneben stehen zahlreiche Vorträge, Aufsätze, Tagungsbeiträge sowie Buchveröffentlichungen wie *Meinhard von Gerkan, Vielfalt in der Einheit. Biographie in Bauten* (2015) und *Monument Europa. Wie Baukultur europäische Identität stiftet* (2017). Jürgen Tietz ist Mitglied im Konvent der Baukultur, in der Arbeitsgruppe Öffentlichkeitsarbeit des Deutschen Nationalkomitees für Denkmalschutz, im Gestaltungsbeirat Fulda sowie im Denkmalrat Hamburg.

Jürgen Tietz studied art history, classical archeology, and both prehistoric and protohistoric archeology. He has been working ever since as a freelance journalist, writing on architecture and monument preservation. Tietz regularly publishes in *Neue Zürcher Zeitung* and in architectural journals such as *Deutsche Bauzeitung*. In addition, he gives lectures and publishes essays, conference papers, and books, such as *Meinhard von Gerkan, Vielfalt in der Einheit: Biographie in Bauten* (2015) and *Monument Europa: Wie Baukultur europäische Identität stiftet* (2017). Jürgen Tietz is a member of the Convention of Baukultur, a member of the public relations working group of the German National Committee for the Protection of Monuments, a member of the design advisory board in Fulda, and a member of Hamburg's council on historic monuments.

Marcus Bredt
Fotograf
Photographer

geboren 1968 in Göttingen. Am Lette-Verein in Berlin wurde Bredt von 1992 bis 1994 zum Fotografen ausgebildet. Er spezialisierte sich früh auf Architekturfotografie und hat für internationale Auftraggeber gearbeitet, etwa für Daniel Libeskind oder Sauerbruch Hutton. gmp begleitet Bredt seit 2004 weltweit mit seinen Aufnahmen. Er hat zahlreiche nationale Projekte wie den Berliner Hauptbahnhof ebenso dokumentiert wie internationale, etwa in China, Vietnam, Südafrika und Brasilien.

Born in 1968 in Göttingen, Germany, Bredt trained as a photographer at the Lette-Verein in Berlin between 1992 and 1994. He specialized in architectural photography from early on and has worked for international clients such as Daniel Libeskind and Sauerbruch Hutton. Bredt has been taking photographs for gmp all over the world since 2004. He has documented numerous national projects, such as Berlin's Central Station, as well as international ones, for example in China, Vietnam, South Africa, and Brazil.

Projektdaten Project Data

Bauherr Client
Stiftung Kunsthalle Mannheim
Kunsthalle Mannheim Foundation

Internationaler Wettbewerb
International Competition
2012 – 1. Preis 1st prize

Entwurf Design
Meinhard von Gerkan und and Nikolaus Goetze
mit with Volkmar Sievers

Projektleitung Ausführung (bis LPH 5 und künstlerische Oberleitung)
Project Management for Construction
(up to phase 5 and artistic direction/author supervision)
Liselotte Knall, Kerstin Steinfatt

Projektleitung Wettbewerb
Project Management for Competition
Di Miao-Weichtmann

Mitarbeiter (alphabetisch)
Team (in alphabetical order)
Björn Bahnsen, Markus Carlsen, Hanna Diers, Anna Falkenbach, Frederik Heisel, Raimund Kinski, Liselotte Knall, Steffen Lepiorz, Felix Partzsch, Christoph Pyka, Ulrich Rösler, Mira Schmidt, Tom Schülke, Jens Schuster, Kai Siebke, Amra Sternberg, Viktoria Wagner, Michèle Watenphul, Kenneth Wong

Bauleitung LPH 6 bis 9
Site Supervision (phases 6 to 9)
W+P Gesellschaft für Projektabwicklung, Essen

Tragwerk Structural Engineering
schlaich bergermann partner sbp, Stuttgart

Brandschutz Fire Protection
hhpberlin Ingenieure für Brandschutz, Hamburg
Gruner, Hamburg

Bauphysik/Raumakustik
Building Physics/Building Acoustics
ISRW Klapdor, Düsseldorf

Gebäudetechnik Building Services Engineering
Lindschulte + GGL Ingenieurgesellschaft, Krefeld
Giesen-Gillhoff-Loomans (iQ Haustechnik), Krefeld
Bremer und Partner, Krefeld

Lichtplanung Lighting Design
a.g Licht, Bonn

Fassadenplanung Facade Design
DS-Plan Ingenieurgesellschaft für ganzheitliche Bauberatung und Generalfachplanung, Stuttgart

Metallgewebe Metal Fabric
GKD Gebr. Kufferath AG, Düren

Bauzeit Construction Period
2012–2017

BGF GFA
17 366 m²

Bildnachweis Picture Credits

Marcus Bredt
Titelmotiv Cover
Bildstrecke Spreads
· Seiten Pages 6–7, 30 (Abb. Fig. 4), 46–93, 102–103

gmp
· Seiten Pages 16–23, 25, 32 (Abb. Fig. 7), 36–43

wibberenz'design – Hamburg
1 Modifizierte Welt- und Deutschlandkarte
Modified world map and map of Germany
http://d-maps.com
· Seiten Pages 8–9
2 Karte Mannheim/Ludwigshafen - Stadtgebiet
Map of Mannheim/Ludwigshafen – City area
http://www.openstreetmap.org
· Seite Page 11

Heiner Leiska
· Seite Page 12

Daniel Lukac
· Seite Page 15

Nikolaus Goetze
· Seite Page 24

Kunsthalle Mannheim
1 Édouard Manet: *Die Erschießung Kaiser Maximilians von Mexiko*, 1868/69, Öl auf Leinwand Oil on canvas
· Seite Page 28
2 Bildarchiv Kunsthalle Mannheim
· Seite Page 31 (Abb. Fig. 5)
3 Karl Bertsch: Ausstellungsplakat Exhibition poster *Die Neue Sachlichkeit*, 1925, Offsetdruck Offset
· Seite Page 31 (Abb. Fig. 6)
4 Bildarchiv Kunsthalle Mannheim
· Seite Page 32 (Abb. Fig. 9)

akg-images
1 akg-images / A. F. Kersting
· Seite Page 29
2 Felix Dietl: *Grund-Riess der Stadt Mannheim, und derselben Gegend*, 1789, Federzeichnung, koloriert Pen drawing, colored, Berlin, Sammlung Collection Archiv für Kunst und Geschichte
· Seite Page 33 (Abb. Fig. 11)

Christian Gahl
· Seite Page 30 (Abb. Fig. 3)

Picture Alliance/ZB/euroluftbild.de
1 Foto Photo: euroluftbild.de/ Werner Riehm
· Seite Page 32 (Abb. Fig. 8)
2 Foto Photo: euroluftbild.de/ Gerhard Launer
· Seite Page 33 (Abb. Fig. 10)

Hinweise zu den abgebildeten Kunstwerken Specifications of the artworks shown in the images

Jeff Wall: Sonderausstellung Special exhibition *JEFF WALL. APPEARANCE* (2.6.–9.9.2018 June 2–September 9, 2018), © Jeff Wall
· Seiten Pages 52–53, 67, 68–69

Rebecca Horn: *(Inferno)*, 1993, 1300 cm hoch tall, 11 Metallbetten, 4 Geigen, Motoren 11 metal beds, 4 violins, motors, Leihgabe aus Privatsammlung Item on loan from private collection, © VG Bild-Kunst, Bonn 2018
· Seiten Pages 52–53, 56, 64–65

Anselm Kiefer: *Sefiroth*, 2000, 950 × 510 × 50 cm, Ölfarbe, Emulsion, Acrylfarbe, Schellack und Blei auf Leinwand auf Holz Oil paint, emulsion, acrylic paint, shellac, and lead on canvas on wood, Kiefer-Sammlung Grothe in der Kunsthalle Mannheim Grothe Collection of Kiefer works in Kunsthalle Mannheim, © Anselm Kiefer
· Seiten Pages 52–53, 64–65

Alicja Kwade: *Die bewegte Leere des Moments*, 2015–2017, Bahnhofsuhr, Stein, Stahl, Kette, Mikrofon, Lautsprecher, Elektromotor, Installationsmaße variabel Station clock, stone, steel, chain, microphone, loudspeaker, electric motor, variable dimensions, © Alicja Kwade
· Seiten Pages 58, 60–61, 64–65, 76–77, 79, 80–81

Max Ernst: *Capricorne*, 1948–1964, 256 × 212,60 × 151,70 cm, Bronze bronze, Leihgabe des Landes Baden-Württemberg Item on loan from the Federal State of Baden-Württemberg, © VG Bild-Kunst, Bonn 2018
· Seiten Pages 58, 76

Robert Delaunay: *Das Fenster zur Stadt*, 1910–1914, 54 × 48,80 cm, Ölfarbe, Wachsfarben, textiler Bildträger Oil and wax on canvas, Leihgabe des Landes Baden-Württemberg Item on loan from the Federal State of Baden-Württemberg
· Seite Page 59

Anselm Kiefer: *Wege der Weltweisheit: die Hermannsschlacht*, 1978–1991, 400 × 580 cm, Acrylfarbe und Schellack auf Holzschnitt auf Papier Acrylic and shellac on woodcut on paper, Kiefer-Sammlung Grothe in der Kunsthalle Mannheim Grothe Collection of Kiefer works in Kunsthalle Mannheim, © Anselm Kiefer
· Seite Page 70

Anselm Kiefer: *Essence – Eksistence*, 2011, Mitte center: 280 × 1 146 cm, Seitenteile lateral parts: 280 × 570 cm, Ölfarbe, Emulsion, Acrylfarbe, Schellack, Metall Oil paint, emulsion, acrylic paint, shellac, metal, Kiefer-Sammlung Grothe in der Kunsthalle Mannheim Grothe Collection of Kiefer works in Kunsthalle Mannheim, © Anselm Kiefer
· Seite Page 70

Anselm Kiefer: *Frauen der Antike*, 2006, 180 × 140 × 140 cm, Blei, Gips, Mischtechnik Lead, plaster, mixed media, Kiefer-Sammlung Grothe in der Kunsthalle Mannheim Grothe Collection of Kiefer works in Kunsthalle Mannheim, © Anselm Kiefer
· Seite Page 71

Caspar David Friedrich: *Abend,* 1824, 20 × 27,5 cm, Öl auf textilem Bildträger auf Hartfaserplatte Oil on canvas on hardboard
· Seite Page 71

George Segal: *Man in a Deck Chair Drinking*, 1967, 107 × 66,2 × 107 cm, Gips, Deckstuhl, Trinkglas Plaster, deck chair, drinking glass, Leihgabe des Landes Baden-Württemberg Item on loan from the Federal State of Baden-Württemberg, © The George and Helen Segal Foundation / VG Bild-Kunst, Bonn 2018
· Seite Page 72

George Rickey: *Two Open Triangles up Wall II*, 1983, jeweils 150 × 106 × 106 cm each, Edelstahl Stainless steel, Schenkung der Stadtsparkasse Mannheim zur Eröffnung des Erweiterungsbaus 1983 Gift of the Stadtsparkasse Mannheim on the occasion of the opening of the annex in 1983, © VG Bild-Kunst, Bonn 2018
· Seite Page 73

Richard Long: *Spring Circle*, 1991, Innendurchmesser Inner diameter: 260 cm, Kalkstein Limestone, Erworben aus Mitteln des Museums-Shops 1996 Acquired with funds from the museum shop in 1996, © VG Bild-Kunst, Bonn 2018
· Seite Page 73

Mario Merz: *Von Grundmauern*, 1996, 166 × 328 × 328 cm, Stahl, Schraubzwingen, Marmor Steel, screw clamps, marble, Leihgabe des Förderkreises für die Kunsthalle Mannheim e.V. seit 1996 Item on loan from the Friends of the Kunsthalle Mannheim; erworben mit besonderer Unterstützung von acquired with special support from Asea Brown Boveri AG, Mannheim; Wolfgang Burger, Mannheim; Freudenberg & Co., Weinheim/Bergstraße; Mannheimer Versicherung AG, © VG Bild-Kunst, Bonn 2018
· Seite Page 73

Gunter Frentzel: *50 geschichtete Stahlstäbe*, 2010, 2 970 × 16 × 16 mm, Stahl Steel, Gestiftet von Donated by Rainer Adam Müller 2010, © Gunter Frentzel
· Seite Page 73

Trotz intensiver Bemühungen konnten einige Urheber der Abbildungen nicht ermittelt werden. Die Urheberrechte bleiben jedoch gewahrt. Wir bitten um entsprechende Mitteilung.
In spite of dedicated efforts, it has not been possible to identify the copyright holders of the pictures. Nevertheless, copyright is preserved. We ask to be informed accordingly.

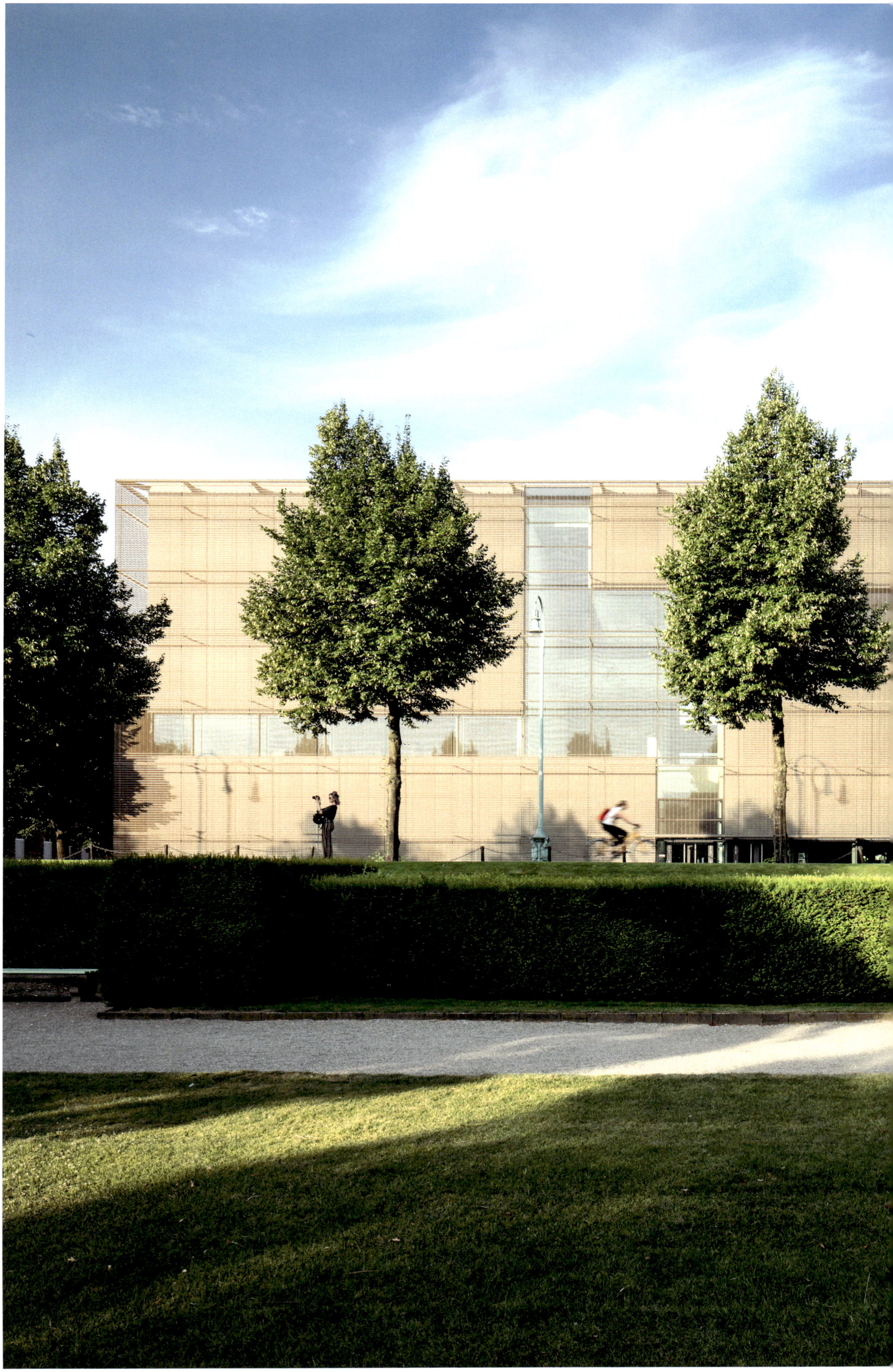

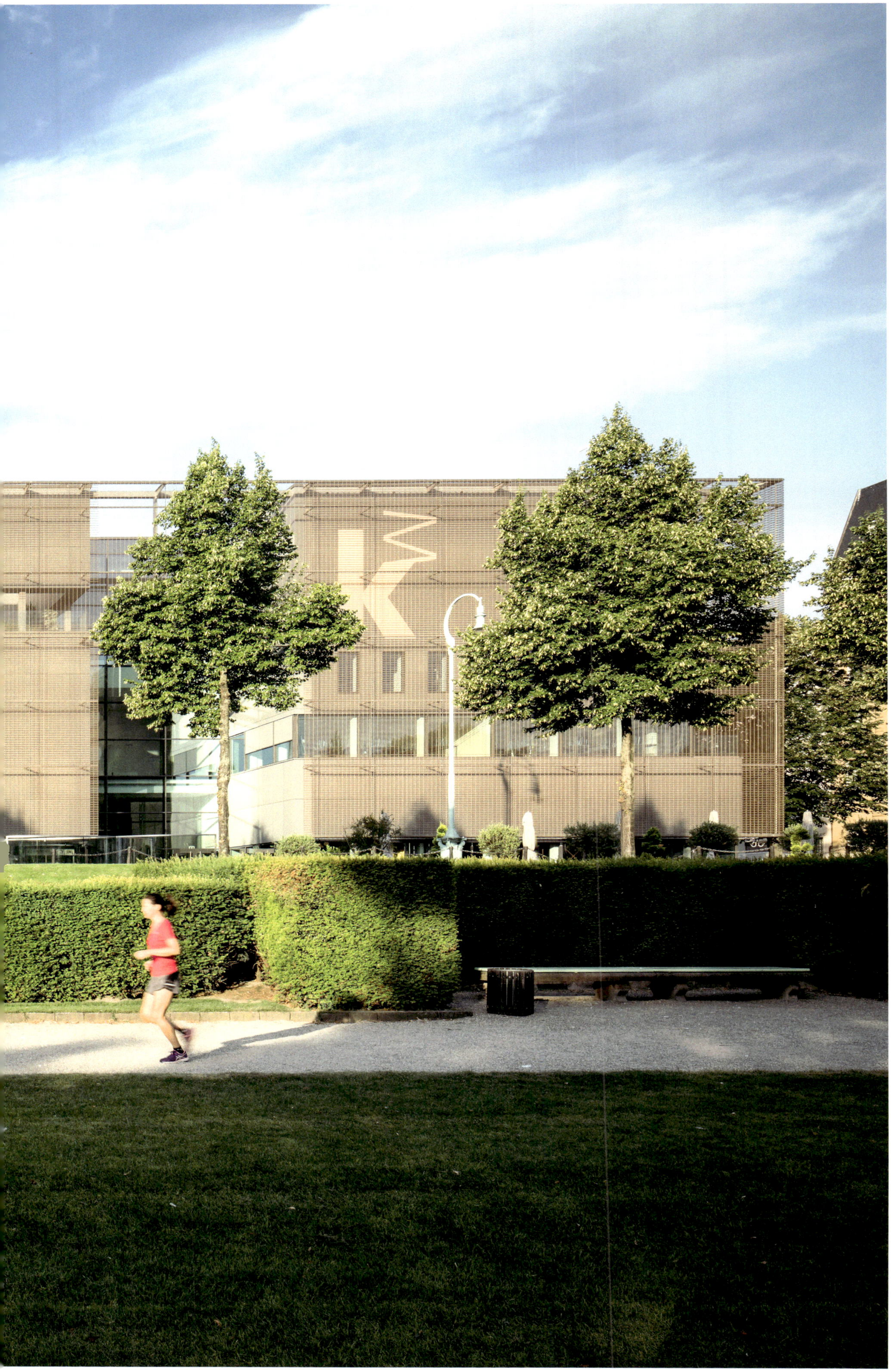

Impressum Imprint

Herausgeber Editors
Meinhard von Gerkan gmp
Nikolaus Goetze gmp

Koordination Editorial Direction
Detlef Jessen-Klingenberg gmp
Berit Liedtke gmp

Layoutkonzept und Satz Layout and Typesetting
wibberenz' design, Tom Wibberenz mit with Hendrik Sichler, Hamburg

Korrektorat Proofreading
Justin Ross (engl.)
Miriam Seifert-Waibel (de.)

Lektorat Editing
Detlef Jessen-Klingenberg gmp (de.)
Berit Liedtke gmp (de.)

Übersetzung Translation
David Koralek, architrans.de

Bildredaktion und -bearbeitung Picture Editing
Trixi Hansen gmp

Reproduktion Reproduction
DZA Druckerei zu Altenburg GmbH

Druck und Bindung Print Production and Binding
DZA Druckerei zu Altenburg GmbH

Papier Paper
Multi Art Silk von by Papyrus Europe
150 g/m²

Schrift Font
Linotype Avenir Next Pro

Bibliografische Information der Deutschen Nationalbibliothek
Bibliographic information published by the Deutsche Nationalbibliothek

Die Deutsche Nationalbibliothek verzeichnet diese Publikation in der Deutschen Nationalbibliografie; detaillierte bibliografische Daten sind im Internet über http://dnb.d-nb.de abrufbar.
The Deutsche Nationalbibliothek lists this publication in the Deutsche Nationalbibliografie; detailed bibliographic data are available on the internet at http://dnb.d-nb.de

jovis Verlag GmbH
Kurfürstenstraße 15/16
10785 Berlin

www.jovis.de

jovis-Bücher sind weltweit im ausgewählten Buchhandel erhältlich. Informationen zu unserem internationalen Vertrieb erhalten Sie von Ihrem Buchhändler oder unter www.jovis.de.
jovis books are available worldwide in select bookstores. Please contact your nearest bookseller orvisit www.jovis.de for information concerning your local distribution.

ISBN 978-3-86859-530-7